Zahir Farès

La tentation despotique

Zahir Farès

La tentation despotique

Libéralisme : jeux et enjeux

Dictus Publishing

Impressum / Mentions légales
Bibliografische Information der Deutschen Nationalbibliothek: Die Deutsche Nationalbibliothek verzeichnet diese Publikation in der Deutschen Nationalbibliografie; detaillierte bibliografische Daten sind im Internet über http://dnb.d-nb.de abrufbar.

Information bibliographique publiée par la Deutsche Nationalbibliothek: La Deutsche Nationalbibliothek inscrit cette publication à la Deutsche Nationalbibliografie; des données bibliographiques détaillées sont disponibles sur internet à l'adresse http://dnb.d-nb.de.

Coverbild / Photo de couverture: www.ingimage.com

Verlag / Editeur:
Dictus Publishing
ist ein Imprint der / est une marque déposée de
OmniScriptum GmbH & Co. KG
Heinrich-Böcking-Str. 6-8, 66121 Saarbrücken, Deutschland / Allemagne
Email: info@dictus-publishing.eu

Herstellung: siehe letzte Seite /
Impression: voir la dernière page
ISBN: 978-3-8473-8711-4

La tentation despotique

Libéralisme : jeux et enjeux

Zahir fares

Avertissement

Le présent document est une synthèse d'un blog que je tiens depuis huit ans http//www.Reflexions de zahir fares over-blog.org.
Il m'a paru judicieux d'élargir l'audience de ces réflexions compte tenu de la situation créée par la crise mondiale. C'est le fruit de notes et de posts quotidiens où j'expose mes doutes et mes convictions.
C'est aussi le constat de l'action d'unification sociale qui sous tend l'économie de marché. Celle-ci étant l'éclaireur de la société de marché. Je pense être utile par une telle publication qui recherche à communiquer sur les principaux problèmes auxquels les peuples doivent faire face alors qu'ils sont les victimes de ces changements brutaux tels le chômage, les systèmes de protection sociale en faillite et tout cela provoqué par une nouvelle donne de l'économie qui est celle du marché. Autant de facteurs qui, sur le plan politique, nourrissent la « Tentation despotique » comme réponse à la crise Tous les pays à des degrés divers allant de grave à plus grave sont touchés sur l'ensemble de la planète. Le modèle chinois de croissance risque de devenir la référence politique si l'on interprète les résultats des élections dans les pays d'Europe et des pays arabes. Extrême droite d'un coté rejointe par la « gauche », et frères musulmans même combat ! C'est pour l'instant le seul succès de la mondialisation qui globalise au nord comme au sud par les ajustements structurels et les dettes, la situation sociale des pays. J'ai cru bon de réunir ici des textes de réflexions sous la forme de morceaux choisis de la mondialisation et des thèmes récurrents.

Bonne lecture !

INTRODUCTION

« .. écrivains, .. poètes, avec une incroyable patience, essayèrent de nous expliquer que nos valeurs collaient mal avec la vérité de leur vie, qu'ils ne pouvaient ni tout à fait les rejeter ni les assimiler. En gros, cela voulait dire :
Vous faites de nous des monstres, votre humanisme nous prétend universels et vos pratiques racistes nous particularisent. Nous les écoutions, très décontractés : les administrateurs coloniaux ne sont pas payés pour lire Hegel, aussi bien le lisent-ils peu, mais ils n'ont pas besoin de ce philosophe pour savoir que les consciences malheureuses s'empêtrent dans leurs contradictions. Efficacité nulle. Donc perpétuons leur malheur, il n'en sortira que du vent. S'il y avait, nous disaient les experts, l'ombre d'une revendication dans leurs gémissements, ce serait celle de l'intégration. Pas question de l'accorder, bien entendu : on eût ruiné le système qui repose, comme vous savez, sur la surexploitation. Mais il suffirait de tenir devant leurs yeux cette carotte : ils galoperaient. Quant à se révolter, nous étions bien tranquilles : quel indigène conscient s'en irait massacrer les beaux fils de l'Europe à seule fin de devenir européen comme eux ? Bref, nous encouragions ces mélancolies et ne trouvâmes pas mauvais, une fois, de décerner le prix Goncourt à un nègre : c'était avant 39.
1961. Écoutez : « Ne perdons pas de temps en stériles litanies ou en mimétismes nauséabonds. Quittons cette Europe qui n'en finit pas de parler de l'homme tout en le massacrant partout où elle le rencontre, à tous les coins de ses propres rues, à tous les coins du monde. Voici des siècles... qu'au nom d'une prétendue "aventure spirituelle" elle étouffe la quasi-totalité de l'humanité. » Ce ton est neuf. Qui ose le prendre ? Un Africain, homme du tiers monde, ancien colonisé. Il ajoute : « L'Europe a acquis une telle vitesse folle, désordonnée... qu'elle va vers des abîmes dont il vaut mieux s'éloigner. » Autrement dit : elle est foutue. Une vérité qui n'est pas bonne à dire mais dont – n'est-ce pas, mes chers co-continentaux ? – nous sommes tous, entre chair et cuir, convaincus.(1) Preface de JP Sartre aux « damnés de la terre » F FANON

1In document produit en version numérique par Émilie Tremblay, bénévole ,Doctorante en sociologie à l'Université de Montréal Courriel: emiliet82@yahoo.fr Page web dans Les Classiques des sciences sociales .Dans le cadre de: "Les classiques des sciences sociales «Une bibliothèque numérique fondée et dirigée par Jean-Marie Tremblay, professeur de sociologie au Cégep de Chicoutimi Site web: http://classiques.uqac.ca/

1 . DEMOCRATIE, SOCIALISME ET CAPITALISME :

Espoirs et illusion

Ces réflexions s'adressent à ceux qui sont convaincus que la démocratie est une condition nécessaire à la participation citoyenne à la vie politique de leur pays et au progrès; De tous les systèmes politiques elle est le moins mauvais, disait Churchill. Cependant, cette exigence ne saurait faire oublier que les chemins vers la démocratie sont longs, divers et tortueux. Que des pièges et obstacles s'y cachent, comme des mines anti personnelles, principalement, en raison d'un rapport de domination cause du sous développement, avec son cortège de mauvaise gestion, de pauvreté absolue ou relative. Le système est fermé. Les efforts internes, pour peu qu'ils existent, se heurtent à des rigidités tant internes qu'externes. Car, hélas, un ensemble de facteurs, dont la corruption d'une partie des exécutants/dirigeants n'est pas le moindre. : Ainsi, toutes les conditions de mauvaise gouvernance sont réunies que les effets d'une économie mondialisée fondée de plus en plus sur la spéculation financière, viennent amplifier.

Les peuples de tous nos pays, malgré les réformes engagées avec, souvent l'aval des institutions financières internationales, voient, depuis leur indépendance, reculer les chances d'avènement d'un ordre économique mondial plus équitable (2) et devenu, avec le temps, improbable. Les plans d'austérité deviennent, en revanche la règle, pour la majorité pendant qu'une minorité jouit(en toute impunité ?) des fruits de ses prébendes. Alors, les peuples, tel Sisyphe seront ils condamnés à remonter éternellement leur rocher ?

De même, cette contribution entend s'associer au débat ouvert par « le printemps arabe » et aux évolutions en cours, dans un certain nombre de pays, depuis les mois de janvier 2011. « Le printemps arabe », parlons en ! Non, sous la forme de fleurs comme l'ont fait les médias, ou de menaces contre l'occident et ses alliés. Ce « printemps » semblait conforter le poids et le rôle dans la vie politique des classes moyennes urbaines. Mais ce phénomène parait faire long feu car, à une situation prérévolutionnaire, succéda, rapidement, une confusion des idées au point que le débat se focalise sur une autre alternative : changer les hommes ou changer le régime. Cette dernière alternative se subdivisant elle-même soit en réformes menées par les hommes déjà impliqués dans l'ancien pouvoir, pérennisant ainsi le régime en

---

2Cette opposition entre la vision à long terme de "l'élite" éclairée et les pulsions à courte vue du peuple ou de ses représentants est typique de la pensée réactionnaire de tous les temps et de tous les pays ; mais elle prend aujourd'hui une forme nouvelle, avec la noblesse d'Etat, qui puise la conviction de sa légitimité dans le titre scolaire et dans l'autorité de la science, économique notamment : pour ces nouveaux gouvernants de droit divin, non seulement la raison et la modernité, mais aussi le mouvement, le changement, sont du côté des gouvernants, ministres, patrons ou "experts"; la déraison et l'archaïsme, l'inertie et le conservatisme du côté du peuple, des syndicats, des intellectuels critiques. Pierre Bourdieu

Léonard Roche
19/10/2007 10:10 [attac_campus_paris] Bourdieu 1995

place ; soit l'élection d'une constituante pour une nouvelle république. En privilégiant « le choc des photos » les acteurs n'ont pas analysé, suffisamment, la base sociale de ces mouvements et ont occulté la finalité politique, et, par mimétisme politique, tout s'est passé comme si les pays arabes, balançant entre démocratie occidentale et dictature, ignorant leur passé culturel et leur histoire devaient nécessairement pencher sur le seul premier terme du choix. Le poids des mots, devenu celui des slogans, s'est imposé et à joué en faveur des islamistes qui ont vu leurs hommes accéder au plus haut rang de l'état en Tunisie, en Libye en Egypte au Yémen. Le résultat, pourtant prévisible, est lié à la projection des critères politiques occidentaux sur les événements et sur les électeurs dans ces pays et par là même ont fait de la laïcité un concept contraire aux partis islamistes. Le résultat pour l'instant est un mixte que certains ont nommé « Démocrature ».

Mais, peut-on soutenir que la laïcité est un critère fondamental de démocratie. Qu'en est-il par exemple des Etats unis ? Sont-ils à ranger dans la catégorie «démocrature», faute de n'avoir pas adopté la laïcité ?

Il y a bien des manifestations religieuses qu'un laïc "bouffeur de curé" n'accepterait pas. En particulier la prière dans les écoles américaines. L'apparition du Président aux messes du dimanche. Savez vous que la journée chômée du dimanche a pour origine le choix par l'église d'une journée autre que le samedi jour réservé au shabbat juif. C'est la même logique qui a emmené les musulmans à choisir le vendredi. Peut-on dire que l'Amérique est laïque, alors qu'elle privilégie, dans les faits et par les textes, une religion par rapport à une autre.

Dans le cas « étatsuniens » que dire de la devise inscrite sur le dollar "IN GOD WE TRUST" signe ostentatoire religieux et qui ignore les agnostiques les athées et ceux qui ne pratiquent pas une des religions monothéiste

La laïcité est « un produit dérivé » de la Révolution française de 1789. Car, l'église, soutien de l'ancien régime qu'elle contribua à rendre de droit divin, a été combattue par les révolutionnaires en raison de son emprise sur le peuple, de ses propriétés de ses richesses accumulées et de son attitude ambiguë pour ne pas dire franchement hostile à la Révolution française. Aussi, les révolutionnaires ont tenté de remplacer cette religion par celle de l'Etre suprême; Ce glissement s'imposa à eux, car à l'évidence, il leur fallait non seulement une « religion », mais aussi un corps organisé : une église, pour ancrer dans les esprits les nouveaux principes révolutionnaires. Ils ont été le premiers pays à utiliser la TERREUR, en offrant, en victimes expiatoires, les têtes d'hommes et de femmes par l'application rétroactive des lois, et ce en contradiction avec la déclaration des droits de l'homme qui se voulaient universel. Ainsi périrent Louis XVI, les aristocrates et les girondins vérifiant, pour certains des terroristes que la terreur ne peut être utilisée comme moyen de gouverner, au risque de se voir appliquer la même peine ; Danton Robespierre et Saint Juste en firent l'atroce expérience. Beaucoup plus tard Georges Brassens chantera qu'il valait mieux « mourir pour ses idées…mais de mort lente ! »

L'on aborda, à nouveau, la laïcité, en France, après la guerre de 1870. Jules Ferry parent de l'actuel philosophe, s'aperçu que la laïcité devait servir la République et former des jeunes à la citoyenneté avec les yeux fixés sur la ligne bleue horizon (des Vosges). L'école devint l'outil de recrutement et les instituteurs le corps des officiers. Les manuels scolaires d'Ernest Lavisse et la littérature de cette époque sont entièrement tournés vers la même ligne. La loi de 1905 est venue couronner ce mouvement. L'état avait créé en face de chaque église une école communale et il fallait en assurer le financement, donc retirer ce qu'il devait donner au culte ;

Dilemme : Comment faire admettre après l'affaire Dreyfus qu'il ne subventionnât pas les synagogues ? Ainsi et pour faire court, la laïcité est un phénomène politique propre à la France républicaine et peut difficilement être retenue comme le critère principal de la démocratie.

Dans le cas du « printemps arabe », la défaillance, la corruption et l'absence de vision d'ensemble politique caractérisent tous ceux qui ont « géré » les pays créant à terme, le désarroi.(3)

Quant aux opposants, ils ont eu beaucoup à faire dans l'action quotidienne pour en définir les finalités. Une question se pose alors. Quelle est la couleur politique qui chemine dans ces mouvements ? Car la responsabilité au sommet ne saurait masquer la responsabilité de la base. Elles se nourrissent mutuellement. La grande masse de cette classe est constituée, essentiellement, de petits et moyens salariés, c'est-à-dire la plus grande partie du monde du travail (du chômage et plus encore de l'emploi informel) appartenant sociologiquement aux classes populaires et aux différentes fractions de la classe moyenne.

Ces dernières, au stade actuel de développement du capitalisme, sont massivement, même pour les moins avantagées d'entre elles, profondément acquises, matériellement et mentalement, au mode de vie petit-bourgeois, qui est à la fois une imitation caricaturale du style de vie bourgeois et une création culturelle relativement spécifique.

Dans quel état social les dictatures laissent-elles ces pays ? Du fait même de l'importance prise par les classes moyennes, les classes populaires sont à peu près complètement mises hors jeu, éclipsées symboliquement et politiquement, réduites à leur seule dimension sociale de « damnés de la terre », quand elles ne sont pas réduites à des « poches de pauvreté » oubliées dans leurs collines. Par l'espèce d'hégémonie idéologique que la bourgeoisie a exercé sur le plan des mœurs, relayée

3 "On a régressé en allant de régression en régression, concernant l'accès aux soins, aux médicaments, au travail,. On peut quantifier ces régressions en termes de morts par exemple. Mais celle de l'intelligence passent inaperçues, parce qu'on ne peut les quantifier. Aujourd'hui, personne ne parle de l'après Bouteflika. Dans les années soixante, il n'y avait pas d'utopie, on voulait une Algérie normale et on était dans l'action réaliste. Aujourd'hui les analyses ne tiennent pas…on a crû que le régime était celui du parti unique. Mais ce n'est pas exact, il ne s'agit même pas de dictature, mais plutôt d'un pouvoir personnel érigé en programme de gouvernement. » Cherif Belkacem in l'UGEMA Clément Moore Henry pages 222.234

par la colonisation culturelle des médias, les classes moyennes ont, à leur tour, adopté l'idéal consumériste qui leur a été distillé pendant des années et qui est aujourd'hui l'unique modèle de consommation et d'existence que le système capitaliste soit capable d'offrir au genre humain. Ainsi, à l'aliénation économique succède une aliénation idéologique à laquelle certains croient pouvoir remédier par des bricolages "identitaires" tout aussi aliénants en définitive.

Le monde occidental, surpris par l'effondrement du Bloc de l'Est et de l'URSS a inventé une théorie, celle de la fin de l'Histoire que Fukuyama a illustrée (4), et selon qui, il n'y aurait plus de place, dans la vie économique et dans l'idéologie, pour le socialisme(5). Après la « coexistence pacifique » énoncée en France par les professeurs F. Perroux ou R Aron (6), voici que l'on développe une théorie qui part d'une idée reçue : après avoir coexisté ou cohabité ; le capitalisme aurait surpassé le socialisme. Ce que je crois c'est que l'URSS n'a jamais été socialiste ; mais qu'elle a appliqué une forme de « socialisme national » imposé par les guerres « chaudes ou froides » qui n'a tenu compte de l'homme qu'en tant que facteur de production, et paradoxalement l'aliénant dans la marchandise perdant de vue la finalité du socialisme ; Noyée dans une planification quantitative, qui a dévié en considérant les normes de poids comme l'indicateur de développement et de croissance. Cette approche de la vie économique a conduit à l'extermination et au sacrifice de prés de 25 millions de citoyens dans des camps de travail ou des goulags. Une telle déviation a entrainé une attention quasi nulle à l'individu et à ses droits face à « l'intérêt collectif » et l'émergence simultanée d'une nomenklatura qui s'accaparera la plus value de cet intérêt collectif.

L'URSS s'est effondrée en raison de la contradiction entre le poids de ses productions et de sa conception des droits de l'homme et des libertés publiques et privées. Le socialisme a été déformé en privilégiant la dictature du prolétariat au profit d'un homme qui a consacré toute l'énergie d'un peuple à bâtir une industrie lourde dont le succès fut dans la victoire de 1945 contre le nazisme. La construction du socialisme dans un seul pays, ainsi dévié, vérifie la thèse d'un vieux texte7 de Marx sur l'étape nécessaire du capitalisme pour passer à celle du socialisme. La Révolution soviétique n'avait pas respecté le processus de maturation ou encore à une adhésion à Hegel plutôt qu'à Marx ; l'esprit de la révolution sans avoir les bases économiques de cette révolution.

---

4 Idée développée au XIXéme siècle Par Stuart Mill sous le concept « d'Etat stationnaire » Reprise par Fukuyama sous la forme que l'on sait

5Dans le même ordre de fantasme l'on classera la littérature de l'affrontement entre les cultures dont le seul but était de créer un ennemi de l'occident après le péril rouge supposé vaincu. Au lieu de préconiser le dialogue des civilisations. Huttington est le porte parole de cette idéologie du conflit

6R Aron au nom de la société industrielle et son caractère semblable concluait à la coexistence entre les systèmes

7Manifeste du parti communiste

Quant à l'Occident, plongé dans sa course effrénée avec ses désirs, qui, par définition, créent des insatisfactions, offrant le spectacle d'une société matérialiste entière plongée dans une immense névrose collective, avec une masse de gens stressés, déboussolés, tâtonnant et heurtant de « droite et de gauche », cherchant désespérément une issue. Une masse de travailleurs plongés dans un état grave de déréliction et qui encouragée par les partis et les gouvernements, à se tourner (Autriche, Hollande, Angleterre..) vers les extrêmes et à la rigueur vers un parti se disant socialiste, voire socialiste-national (8) dont les responsables ont corrompu le sens, par une pratique de ralliement à l'économie de marché et non au capitalisme. Il est exclu que la masse des travailleurs, réduit à la précarité par un nouveau « droit » du travail fondé sur la flexibilité et les licenciements, s'intéresse à un tel « socialisme », appelé à gérer une économie sur la base de fondamentaux libéraux.

Dans ces pays, l'essentiel de la force sociale qui aurait intérêt à un changement de système, n'est même plus en mesure de comprendre exactement en quoi cela consisterait, et que ceux qui pourraient jeter quelque clarté dans cette pénombre, ou ce sfumato artistique, soit ont trahi leur mission, soit sont privés des moyens de se faire entendre. Les consultations se font entre tenants d'un même système tous sont d'accord pour que l'austérité pèse sur les classes moyennes. L'argument étant on a besoin des riches, sans préciser que c'est jusqu'ici…pour avoir plus de pauvres
Pourtant, le concept a conservé une substance bien suffisante pour éclairer et diriger une démarche pour l'instauration d'un nouveau mode de production. En fait, le schéma de montage existe bel et bien, d'une approche anti capitaliste.

L'Amérique latine, par exemple, a fait, à sa façon, la démonstration que le socialisme est encore opératoire. Mais, la lutte politique a réussi à instaurer un rapport de forces en faveur des classes populaires au détriment non seulement de la grande bourgeoisie capitaliste terrienne et comprador, mais aussi des fractions de la classe moyenne qu'elle a satellisée. (Cette petite-bourgeoisie est toujours pleine de scrupules démocratiques quand il s'agit d'aider le petit peuple à se libérer en d'autre termes quelle est la finalité sociale de la démocratie (9). Elle se montre infiniment plus

---

8D'où la compétition entre les partis politiques qui développent les thèmes et les idées de l'extrême droite, sous le fallacieux prétexte que celle-ci poserait de bonnes questions mais leur apportait de mauvaises solutions .

9. Au feu du combat, toutes les barrières intérieures doivent fondre, l'impuissante bourgeoisie d'affairistes et de *compradores*, le prolétariat urbain, toujours privilégié, le *lumpenproletariat* des bidonvilles, tous doivent s'aligner sur les positions des masses rurales, véritable réservoir de l'armée nationale et révolutionnaire ; dans ces contrées dont le colonialisme a délibérément stoppé le développement, la paysannerie, quand elle se révolte, apparaît très vite comme la classe *radicale :* elle connaît l'oppression nue, elle en souffre beaucoup plus que les travailleurs des villes et, pour l'empêcher de mourir de faim, il ne faut rien de moins qu'un éclatement de toutes les structures. Qu'elle triomphe, la Révolution nationale sera socialiste ; qu'on arrête son élan, que la bourgeoisie colonisée prenne le pouvoir, le nouvel État, en dépit d'une souveraineté formelle, reste aux mains des impérialistes. C'est ce qu'illustre assez bien l'exemple du Katanga. Ainsi l'unité du tiers monde n'est pas faite : c'est une entreprise en cours qui passe par l'union, en chaque pays, après comme avant l'indépendance, de tous les colonisés sous le commandement de la classe paysanne. Voilà ce que Fanon explique à ses frères d'Afrique, d'Asie, d'Amérique latine : nous réaliserons tous ensemble et partout le

tolérante envers les puissants alliés aux sociétés multinationales.

Les pièces du puzzle existent, mais la classe moyenne, dans sa grande majorité, feint de ne pas savoir l'assembler, probablement parce qu'elle n'est pas tellement pressée d'abandonner son morceau de fromage. Alors, adieux au dictatures et bonjour aux démocraties ?

PS. Le sort d'El Gueddafi qui a fait tirer à balles réelles sur son peuple, à l'instar d'autres dictateurs, a été scellé dés le premier jour de l'intervention de l'O.T.A.N. En diplomatie, seul l'intérêt national compte. Où se trouve l'intérêt national dans une affaire comme celle ci qui se déroula à nos frontières ? Est-ce que Gueddafi avait pris la peine de consulter les pays arabes et en premier lieu l'Algérie (dont les frontières sont communes sur prés de 1200 kms) avant de se lancer dans cette désastreuse aventure? Après tout, cela faisait quarante deux ans que ce régime surfait et survivait aux crises (UTA, Lokerbie, Infirmières bulgares pour les crises officielles..) qu'il a lui même créées ! Triste fin, que celle qu'ont choisie certains dirigeants arabes qui n'ont même pas eu la reconnaissance du ventre à l'égard de leur peuple (Saddam Hussein, Ben Ali, Moubarek, Bachar el Assad, Gueddafi, pour l'instant). Dés qu'ils ont senti leur pouvoir menacé, tous ont fait usage de tirs à balles réelles sur leur peuple, scellant ainsi la rupture en confirmant leur peu d'ouverture au dialogue. Où sont passés les promesses d'une vie meilleure vous qui vous êtes parés de titre d'opérette, qui en « guide d'une révolution »' qui en « zaim » et qui en « Rais » de la nation; consacrant un dédoublement schizophrène de votre personnalité. Coup de tonnerre ! Voilà qu'en moins de dix jours, bravant la répression, les peuples se soulèvent. Les dirigeants arabes tombent… des nues, en découvrant que leur peuple levant, toute ambiguïté, revendique et manifeste, en un mot, s'exprime en termes clairs. Il leur a conseillé de « dégager » !

Mais ce conseil est aussi valable pour tous ceux qui ont tenté de récupérer ces mouvements En effet, on a vu un philosophe Bernard Henri Levy qui prétend être à la fois chef d'état major, Clausevitz, au petit pied, pour « offrir » la démocratie dans les soutes des porte avions et des navires de guerre. Où est le temps où des philosophes tels JP Sartre, Francis Jeanson, Bertrand Russel, voulaient juger le colonialisme pour crimes contre l'humanité.

Autres temps autres mœurs…La démocratie ainsi importée par les armes n'est que le

---

socialisme révolutionnaire ou nous serons battus un à un par nos anciens tyrans. Il ne dissimule rien ; ni les faiblesses, ni les discordes, ni les mystifications. Ici le mouvement prend un mauvais départ ; là, après de foudroyants succès, il est en perte de vitesse ; ailleurs il s'est arrêté : si l'on veut qu'il reprenne, il faut que les paysans jettent leur bourgeoisie à la mer. Le lecteur est sévèrement mis en garde contre les aliénations les plus dangereuses : le leader, le culte de la personne, la culture occidentale et, tout aussi bien, le retour du lointain passé de la culture africaine : la vraie culture c'est la Révolution ; cela veut dire qu'elle se forge à chaud. Fanon parle à voix haute ; nous, les Européens, nous pouvons l'entendre : la preuve en est que vous tenez ce livre entre vos mains ; ne craint-il pas que les puissances coloniales tirent profit de sa sincérité ? JP SARTRE ibidem

voile, ou le hidjab, qui plus est transparent, enveloppant la domination économique sur les richesses de la Libye.

Voila en quelques mots comment on peut interpréter « le silence » de l'Algérie partagée devant l'intervention de l'O.T.A.N, les morts et les blessés en un combat douteux, et le sort d'El Gueddafi qui croyait que le "tigre impérialiste était en papier", alors que ses dents sont faites de bombes et de missiles et d'une panoplie de tanks ; lui qui croyait qu'une visite d'état était à même de lui assurer la pérennité de son système vieux de 40 ans.

La sagesse est celle qui sait distinguer le destin d'une nation de ceux qui prétendent l'incarner. Assez de prétendants au titre de père de la patrie qui se transforment en propriétaire de la nation. « La propriété n'est-elle pas fondée sur le vol » ? Pour un philosophe (encore un) Proud'hon, la réponse à cette question était affirmative ! Nous considérons, pour notre part, que la propriété privée est au centre de la science économique et des politiques économiques qu'elle inspire et dont la caractéristique essentielle est dans le rapport général de la production à la distribution à l'échange et à la consommation
***

Il ressort, de ce que nous venons d'examiner, qu'il nous faut prendre la mesure d'une part du contexte international, dans ses caractéristiques politiques, économiques et sociales, qui constitue une donnée de base conditionnant les évolutions des pays concernés notamment en expliquant les tenants et aboutissants de la pensée unique, en démystifiant certaines de ses idées reçues et d'autre part de déterminer les principales tendances qui se dégagent. Ne pas s'en tenir aux apparences mais s'efforcer de représenter ce qui est derrière les choses.

Je me dois d'informer le lecteur que ce travail est le fruit de réflexions sur prés de dix ans d'un blog et surtout d'une vie militante dans le mouvement étudiant d'Algérie, puis dans le secteur d'Etat et dans la haute administration algérienne et, en tant que consultant auprès d'institutions internationales et enfin comme ancien membre du Conseil National Economique et Social d'Algérie. Cet engagement m'a conduit à considérer la répartition des revenus comme le seul et vrai problème de l'économie et qui lui donne sa véritable finalité, celle d'être au service de l'Homme, de tous les hommes et de tout l'Homme. Tout au long de cet essai nous tenterons de répondre aux questions qui gravitent autour et de la crise et de son impact sur les solutions mises en œuvre. Nous tirerons le fil quotidien de nos réflexions qui nous entraîne bien loin des idées reçues et de la « pensée unique ». Sinon à quoi servirait un système économique qui ne peut nourrir les hommes de les loger de les soigner de les éduquer de leur permettre l'emploi de leur capacité et de les développer par la culture ?

" Le marché immobilier s'effondre aux Etats-Unis. Les Bourses chutent. Les Banques centrales prêtent massivement aux banques. Y a-t-il une crise? Et en quoi suis-je concerné? En un mot qu'est-ce que la crise économique?" (10)

10Selon Wilkipedia « Les principales causes de ces mouvements à forte dimension sociale[2] sont le manque de libertés individuelles et publiques, la kleptocratie, le chômage, la misère, le coût de la vie élevé ainsi qu'un besoin de démocratie qui ne soit pas une simple façade[15]. Cette vague révolutionnaire est comparée à divers moments historiques, comme le Printemps des peuples de 1848[16,17] (d'où le surnom de « Printemps arabe »), la chute du Rideau de fer en 1989[18,19], ou encore le Risorgimento italien[20].
Ces révolutions recourent aux méthodes de contestation non-violente[21] détaillées dans le manuel de Gene Sharp et inspirées de celles de Gandhi ; les révolutionnaires utilisent les technologies modernes de communication (différents outils d'Internet et téléphone mobile) de façon intensive, la télévision satellitaire jouant également un rôle important dans le déroulement des évènements[22]. Les dictatures concernées tentent d'ailleurs de contrer ces moyens de communication (coupure ou brouillage des réseaux, attaque contre les journalistes).
En juin 2011, la contestation se poursuit dans la quasi-totalité des pays arabes, les différents mouvements s'encourageant les uns les autres : ainsi, la contestation à Bahreïn, assommée par l'intervention saoudienne, reprend dès la fin de l'état d'urgence[12]. Dans tous les pays concernés, les révolutions cimentent l'unité nationale[12]. Ces révoltes arabes pourraient mener à une redistribution des cartes dans cette zone du monde, avec des conséquences géopolitiques (comme sur le conflit israélo-palestinien[11,12]), sociales et économiques majeures à l'échelle mondiale, notamment à cause de l'industrie pétrolière, très présente dans ces régions.

Partie I

Le contexte économique et la crise appellent une nouvelle approche à la fois économique, sociale et politique.

« L'intention et l'objet du système actuel est l'accumulation d'argent, sans égard pour l'efficacité ni le bien-être de la société. Gaspillage des ressources, destruction de la planète, création de chômage et de consommateurs malheureux »
Déclaration des Indignés lors de l'occupation de la Puerta del sol à Madrid

Méthodologie d'approche

Tout exercice de prévision doit éviter ce que l'on peut appeler « la prospective à reculons » qui ne fait que prévoir... le passé !

- Il faut, pour cela, éviter de privilégier dans l'année étudiée la cause des faits qui se sont produits plus tard, faussant ainsi l'appréciation de la situation économique et sociale que les acteurs sociaux avaient au moment où ils l'ont vécu. Le danger d'une telle approche est grand et conduit très souvent à des visions prospectives artificielles et injustes des faits.

- Le second écueil est celui qui consiste à faire une photographie froide de la réalité telle qu'elle était au cours de l'année étudiée et se contente alors d'une énumération d'indicateurs statistiques sans commentaires.

- Le troisième est celui qui recherche, dans les faits économiques et sociaux, la confirmation ou la réfutation de certaines visions idéologiques.

Une approche objective s'appuie sur l'analyse de l'évolution de l'économie dans ses structures et dans le système qu'elle a adopté. Car, le défi à relever aujourd'hui, est celui de la complexité de notre économie. Il n'est d'ensemble économique et social que multidimensionnel. Le droit et les institutions, la technologie et la démographie, le type et la structure des entreprises, la distribution des revenus et patrimoines, l'Etat et le mode d'organisation du pouvoir politique, la culture et l'éducation, sont autant de questions sous jacentes à un développement humain et jouent toutes un rôle dans le fonctionnement et dans l'évolution d'une économie.

La complexité ne signifie ni l'inintelligibilité ni la recherche d'une cause unique. L'on admet que l'économie, consiste à discerner les éléments d'une situation ainsi que les rapports qui les relient.

Toute économie ne peut être isolée de son environnement et du milieu de propagation de ses actions. Répondre au « défi de la complexité », en forgeant des outils adéquats de compréhension et d'intelligibilité est à l'opposé de toute fatalité de situation.

Aucun ordre humain n'est ni « nécessaire » ni fatale. Il est le résultat temporaire d'un rapport de force au sein d'une société Il résulte des institutions, des règles, des comportements, d'acteurs sociaux actifs, d'une structure aménagée par eux et à leur profit. Aussi, aucun fait économique (grandeur, variable ou rapport) n'est indépendant de son milieu.

« Il n'est, donc, pas interdit de comprendre même s'il est difficile de prédire ».
Au siècle de l'informatique et des avancées de la science des systèmes cybernétiques, la science économique jusqu'ici prométhéenne, semble régresser et bégaye lorsqu'elle se présente comme une loi de la physique universelle. Les faits

16

économiques et sociaux observés par l'économiste sont construits par lui et sont susceptibles de saisies et d'explications diverses. L'idée d 'une « vérité » sans faille en économie est « un sous produit absurde d'un positivisme dépassé ».

La modernisation de notre économie est l'enjeu de l'avenir. Elle doit trouver un enrichissement dans l'analyse qui écarte tout « formatage » de notre société, dans une vision ou seraient diluées, tant l'unité et l'intégrité du peuple que son espace historique.

En effet, la modernisation n'est pas seulement une conséquence de la rationalisation des techniques de production et de l'organisation du travail et de sa transformation, mais encore, un processus qui transforme l'ensemble de la structure sociale. Finalement, au cours d'un tel processus, les sources de certitude de la société et de sa vie sont elles-mêmes transformées. Il n'y a plus de repères apparemment stables ; c'est l'anomie sociale encouragée par des attitudes de comportements de doute négatif et de scepticisme. Si le passage à la société industrielle a provoqué de véritables chocs au XIXéme siècle en Europe, les risques de la modernisation sont encore plus dangereux car non maîtrisés sur le plan national. L'accumulation capitalistique est liée dialectiquement aux risques sociaux collectifs. En effet on constate dans ces phases d'accumulation capitalistique que celle-ci peut être la cause de risques sociaux et la conséquence de ces mêmes risques.
Au vrai, « la mise à niveau »de nos entreprises implique-t-elle celle de la société. Mais si la première est technique et financière, la seconde est souvent invisible ou conçue comme indépendante ou imprédictible. Elle implique, de plus en plus, des risques graves pour l'humanité et, ceux-ci, ne sont pas techniques, uniquement, mais systématiques et systémiques.

Ces risques conduisent à poser le problème de notre modernisation industrielle dans le cadre de l'IDE et du choix des investissements privés et publics. Ces dangers sont produits par le développement de la société industrielle. Ils sont nouveaux puisqu'ils sont sociaux, ont des effets sur toutes les couches sociales. La société post industrielle capitalistique exploite les dangers de tous ordres qu'elle déclenche, elle transforme le champ du dialogue social dans chaque pays et entre les nations, car il ne s'agit pas des seuls effets de l'action sur la nature mais des effets sociaux économiques et politiques de ces effets secondaires eux-mêmes.

Les conflits sociaux de répartition des richesses sont, progressivement, accompagnés par les effets induits des risques et dangers de la société post industrielle capitalistique. La mondialisation des capitaux crée de nouveaux risques dans la mesure où ils ne sont plus personnels et liés au courage et au goût du risque de la bourgeoisie, mais ils ont pour conséquence la destruction de la vie et des civilisations. Relèvent, ainsi, des nouveaux risques de la société d'abondance : la faim de populations représentant plus de la moitié des habitants de la Terre, la suralimentation d'une minorité d'humains, l'endettement ; le dumping social et fiscal, le travail

17

informel, le chômage ; les inégalités de tous ordres, l'individualisme, la vie affective, les structures de pouvoirs et d'influence, le politique et les formes de domination et de participation etc…

Le développement n'est ni la croissance ni le progrès auxquels le néo-libéralisme tend et voit dans l'accroissement quantitatif de la demande, l'innovation et l'investissement le moteur du développement. Livré à lui-même un tel développement est rarement sinon jamais harmonieux. Dans ces conditions, comment maintenir les équilibres et comment gérer les « cycles » ?

En second lieu, l'analyse fonctionnelle se poursuit au niveau du partage des fruits de la croissance. La répartition ne peut être examinée indépendamment de la production. Et des modes de répartition du produit réel disponible entre profits et salaires. Le dialogue social, les rapports entre les classes sociales sont, entre autres, les manifestations de ces deux éléments fondamentaux. La polarisation des formes des revenus qui en résulte et la disparition ou l'appauvrissement des classes moyennes.

Un troisième groupe central de préoccupations est celui lié aux besoins fondamentaux tels qu'ils se présentent dans l'économie actuelle d'un pays. L'idéal libéral d'accroître indéfiniment les revenus individuels et les patrimoines, est-il à même d'assurer le développement économique. La règle d'objectivité conduit à reconnaître que l'épanouissement humain dans ses dimensions matérielles culturelles et spirituelles, est déterminant dans le développement de la société. C'est d'ailleurs la structure même de notre société qui nous y contraint. A moins de changements profonds dans le monde, il n'est pas de jour sans qu'un pays ne fasse l'objet d'études sur son développement et sur les indicateurs humains et ne soit « classé » selon « les risques pays », sa « bonne gouvernance » etc…

Face aux problèmes de survie des nations, l'Algérie a pu maintenir l'essentiel de son socle social nonobstant l'emprise du néo-libéralisme, en s'accordant un droit prudent d'inventaire. Le rythme des réformes est lent, au goût de certains qui, à l'occasion de scandales financiers (affaire Khalifa notamment ou malversations autour de grands projets d'infrastructures) qu'une presse privée dénonce, aspirent à plus de détermination dans la lutte contre les fléaux sociaux, tels ceux imputables à une minorité sociale prédatrice vivant de la corruption. L'activité vibrionnante de cette pieuvre, qui a pris position jusque dans les allées du pouvoir, et dont le train de vie et le comportement est celui d'un profit maximum et une soif inextinguible d'accumulation malsaine de superprofits investis à l'étranger grâce à la fuite de capitaux par blanchiment de fortunes mal acquises.

Enrichissez vous ! est devenu le leit motiv de cette classe qui subrepticement depuis 1962 a pris position sur les secteurs les plus juteux (hydrocarbures, agriculture dans le domaine des importations d'intrants et de céréales, grands travaux d'infrastructures, santé et sécurité sociale etc) et s'est créée des « bunkers » bien gardés. Leurs intérêts vont dans le sens d'une économie extravertie sur l'importation. Ce sont eux qui ont combattu l'industrialisation amorcée par le Président Boumédienne et Belaid Abdessalem et, qui ont adopté la ligne de remise en cause du secteur d'état. C'est ainsi que des milliers de cadres se sont trouvés sans emplois et contraints à émigrer. C'est à l'aune de sa détermination à combattre cette classe compradore qui s'abrite sous l'aile du néo libéralisme que l'on appréciera la politique des réformes. Car, ce sont là autant de facteurs qui contredisent les déclarations officielles de faire progresser, autant que faire se peut et ensemble, tous les citoyens. Dans ces conditions, un intérêt croissant est porté à une évaluation des actions à leur impact sur des structures dont l'évolution est le résultat d'un très long processus. Par exemple, à quelles actions et quels opérateurs peut-on imputer l'amélioration de la longévité constatée ? Il faut savoir raison garder et éviter d'imputer aux mesures prises en cours d'année l'amélioration des indicateurs de développement humain. Le développement humain porte sur des faits non conjoncturels et leur état, pour une année, est le résultat des actions antérieures. Les mesures prises aujourd'hui tracent les contours de l'avenir. C'est là le sens de la multi dimensionnalité du développement humain. Aucune des composantes de l'IDH et des autres indicateurs n'est conjoncturelle. Leurs mouvements sont ceux qui relèvent des cycles moyens et longs de l'Histoire. Avoir contribué à le faire comprendre est à inscrire à l'actif de cet exercice.

L'évaluation doit tenir compte des « effets retards et ou boomerangs » que peut avoir toute décision en matière de développement humain. Enfin, c'est une évaluation qui exige que chaque secteur replace son action dans le cadre d'indicateurs universels et donne un sens et une finalité autres que bureaucratique ou politicienne aux dotations budgétaires et à leur consommation.

Chapitre I

Les termes du débat

Le débat ainsi ouvert, pose les questions des fondamentaux formels ou non écrits ou informels qui sont les références historiques inscrites dans la mémoire des peuples et des nations. En Algérie toutes les constitutions ont pour référence la déclaration du 1er novembre 1954, comme principe fondateur de l'ETAT et de la souveraineté retrouvée. Il y a, donc, lieu de distinguer ce qui est permanent et ce qui doit nécessairement être élagué. C'est à ce travail de tri que doit se livrer une Révolution pour être, le reflet fidèle des aspirations populaires ; Distinguer entre l'essentiel et l'accessoire. Il se dégage du fil de l'histoire notamment trois fondamentaux :

1.La recherche du consensus dans la conduite des affaires

C'est cette prédisposition naturelle aux peuples arabes et à ceux de la Méditerranée, que se fonde la recherche d'un bien être social (11) optimum, finalité du lien national. Le mode de « gouvernance » des dictatures l'a érodé pour le remplacer par une pratique, fondée sur la censure et autres moyens de contrainte dont le principe consiste à interdire ce qui n'est pas autorisé par la loi ! la logique aurait voulu que la liberté soit la règle et l'interdit l'exception. Et d'abord, subrepticement, s'autoriser à s'octroyer certains avantages et privilèges à eux-mêmes, leur famille et leur clan. Tout se passe comme si l'accession au pouvoir n'avait d'autres buts.
L'on considère que le bien être d'une société s'améliore lorsque celui d'un des individus qui la composent diminue moins que n'augmente celui d'un autre. Ou, plus simplement, que certains, en termes de revenus, s'enrichissent tout en enrichissant d'autres. Dans le cas contraire c'est livrer le pays à des prédateurs. Cela étant pour que cette situation proche du bien être social survienne, il est nécessaire de réunir trois conditions :
•Une augmentation du revenu global,
•Qu'un transfert de richesses des plus riches aux plus pauvres existe ;
•Qu'une diminution de l'inégalité des revenus soit objectivement constatée
Dans chacun de ces cas, toute mesure qui va à l'encontre ou qui laisse s'instaurer une redistribution spontanée au nom du laisser faire revient à pérenniser sous d'autres formes des inégalités injustifiables, et qui devenues socialement insupportables ont fini par causer les chutes des dictatures.
Le transfert de richesses (12) n'est pas un jeu à somme nulle où ce qui est pris à l'un se retrouve chez l'autre. Le bien être social s'améliore par suite d'un impact différent des satisfactions pour le riche et pour le pauvre ; la même somme prise sur le riche crée plus de satisfactions qu'elle n'en détruit. Exemple, après prélèvement le riche

11 Voir l'article du Professeur Chitour sur l'indicateur de « Bonheur national brut »

12 Voir C.A..PIGOU "The Economics Of Welfare"

renoncera à un costume, alors qu'il ne sait plus combien il en a, tandis que pour la même somme de transfert le pauvre s'habillera disons, au moins pour six mois si tous deux recherchent la même satisfaction.(13) Partant de là l'on peut déduire le principe suivant (14):

1.Chacun a les mêmes droits et devoirs, mais ma liberté doit être compatible à celles des autres membres de la société.

2.Le second principe est celui-ci : les inégalités ne sont acceptables que si elles permettent de diminuer les inégalités. Une société juste n'est pas une société égalitaire ; mais une société équitable qui tient compte de ces deux principes

L'on se heurte alors à une contradiction ; celle de la confrontation entre l'intérêt général et les préférences individuelles. C'est l'axiome d'équité fondé sur les « capabilités »(15) qui permet de lever la contradiction. C'est ainsi que la société est poussée à assurer à chacun, non un revenu identique, mais un revenu permettant d'avoir la même utilité qu'un autre. L'égalité est arithmétique. L'équité est « géométrique » ! Le raisonnement fondé sur les moyennes est trompeur et tend à cacher la réalité.

Si un revenu donne une utilité (somme des satisfactions obtenues) deux fois inférieure à celle des autres, une idée reçue serait d'attribuer un revenu deux fois supérieur. Mais l'argent ne compensera pas l'ensemble des moyens à mettre en œuvre pour créer une utilité identique. Combien d'handicapés perçoivent des aides qui ne leur permettent pas d'avoir accès à des services et moyens adaptés, ce qui n'est pas conforme à la finalité de l'aide à savoir, assurer une utilité identique des revenus.

2)La solidarité

Celle ci conforte le lien social. Mais la pratique politique passée a eu tendance à la dévier vers une étatisation bureaucratique. En se focalisant ainsi sur la pauvreté comme si celle-ci est naturelle elle ne s'est pas attaquée aux causes et, au vrai, elle assiste impuissante au développement de la pauvreté. Les sommes dépensées16 ont été peu efficaces pour freiner la pauvreté car celle-ci ne peut se réduire à une seule forme. Elle est multidimensionnelle. Le PIB de l'Algérie est de 170 mds de $. Par habitant il est selon le Pnud de 4.681 $. Il est en termes de parité de pouvoir d'achat de 7749,3$

L'Etat consacre des sommes importantes constituées par des transferts à caractère

---

13C'est par la position de chacun sur la courbe des satisfactions que se détermine cette nouvelle répartition.

14Voir John Rawls "A theorie of justice "

15Amarya Sen "Collective Choice and Social Welfare Voir C.A..PIGOU "The Economics Of Welfare"
C'est par la position de chacun sur la courbe des satisfactions que se détermine cette nouvelle répartition.
Voir John Rawls "A theorie of justice "
Amarya Sen "Collective Choice and Social Welfare

16Travaux de la conférence nationale sur la pauvreté et rapports du CNES sur le développement humain

social (en espèce et en nature) en direction des ménages, de l'ordre de 330,6 milliards de DA soit près de 5,4 % du PIB. Cet effort est complété par les dépenses de la sécurité sociale qui se situent à un niveau proche des dépenses de l'action sociale de l'Etat.

L'ensemble des programmes d'emploi, de sécurité sociale et d'assistance, à l'exclusion de l'assurance maladie, a bénéficie à 8,5 millions de personnes, représentant une dépense équivalente à 8,8% du PIB.
La répartition du revenu brut des ménages se présente comme suit : salaires 37,7%, transferts monétaires 22,5%, revenu des indépendants, 39,7%[17]. En outre, le programme de soutien à la relance de la croissance est venu renforcer par les investissements qu'il engageait, la lutte contre le chômage et contre la pauvreté. Ainsi relayées, la solidarité et l'action sociale exigent une adaptation qualitative articulant leur caractère de « dispositif d'attente » à ceux de participation à la reprise économique des plus défavorisés et pour ceux qui se sont appauvris. Cette articulation est l'un des garants de la cohésion sociale.

Actuellement le contenu de la croissance et du développement est inéquitable et déséquilibrés entre les régions et les catégories sociales. Dans des conditions extrêmes de dénuement, cette solidarité s'est estompée. Par suite d'une approche bureaucratique, des régions, particulièrement dans les zones montagneuses, elle a même régressé en matière d'accès à la santé, à l'éducation, au logement et à la solidarité spontanée s'est effacée devant l'Etat qui, par déviation bureaucratique n'a pas su résoudre le conflit inhérent et sous jacent à une économie de marché et s'est empêtré dans les exigences de la nécessaire politique économique financière et fiscale et cette même économie.(Voir affinement de la carte de la pauvreté Ministère de la solidarité) Le contexte de globalisation des économies, et plus récemment de graves crises financières et économiques mondiales, rend impératif cette action afin d'éviter d'amoindrir les efforts menés pour lutter contre la pauvreté et assurer un équilibre social en veillant à corriger la redistribution de la richesse.

Face à ce nouveau risque, plus que jamais, la mobilisation et la détermination qui se sont manifestés, jusqu'ici, doivent être plus fortes que par le passé récent, concrétisant ainsi l'aspiration à une plus grande solidarité que la politique sociale est chargée de mettre en œuvre. Ce n'est qu'en visualisant les espaces de pauvreté par rapport à la moyenne nationale, que l'on peut mieux apprécier et évaluer les politiques menées en la matière à savoir : leur efficience et leur efficacité.
Une première évaluation à partir des rapports pertinents du CNES, montre que cette politique ne satisfait ni un secteur privé (dont la seule préoccupation est le risque de change et l'accès à la devise selon le schéma A ------M-----A'(à), dans lequel (à)' représente la part devise née d'une activité dont la pérennité n'est nullement assurée). La part des importations dans la balance commerciale est la preuve de la reproduction

---

17Sources ONS

d'un système dont l'axe stratégique est mal connu. Un bref examen du budget des ménages, fait apparaitre une étroite corrélation avec la balance commerciale et détermine le poste importations.

Les dépenses alimentaires représentent 58,22% du budget des ménages ; dont 25,46% pour les céréales, le lait et produits dérivés 13,68% les légumes secs 13,60%, les viandes 10,12%, les fruits et légumes 6,44% et 5,10%.[18] Qu'en est-il de la structure des importations ? En 2011, les céréales constituent la facture alimentaire la plus importante de l'Algérie, avec 42,34% des importations de biens de consommation alimentaire. Les importations de blé par l'Algérie ont poussé à la hausse la facture alimentaire globale. Quant au sucre, il a connu une évolution de 178,59% passant à 151,36 millions de dollars contre 54,33 dollars à la même période de l'année précédente. Une hausse spectaculaire expliquée en partie par les différentes mesures d'exonération de taxes et de droits de douanes ayant touché le sucre blanc raffiné importé ainsi que les sucres roux. Une exonération décidée par les pouvoirs publics afin de stabiliser le prix du sucre sur le marché en dessous du seuil de 90 DA le kilo. Le groupe légumes secs et autres a également connu une croissance spectaculaire de 112,11% en atteignant 20,15 millions de dollars, contre 9,5 millions en juillet 2010, alors que le groupe lait et produits laitiers est passé à 91,96 millions de dollars contre 85,26 millions en juillet de l'année passée (7,86%).

En revanche, les importations de café et de thé étaient les seules à avoir accusé une baisse de plus de 10%. Sur un plan plus global, les importations en produits alimentaires durant les sept premiers mois de 2011 totalisent un montant de 5,65 milliards de dollars contre 3,46 milliards durant la même période de 2010, soit une hausse de 63,5%[19].

Faute d'une production suffisante, face à une demande sociale importante l'Algérie couvre la majorité de ses besoins alimentaires par ses importations. C'est là un constat d'utilisation des ressources pétrolières par l'Etat dans le cadre de la libéralisation des échanges commerciaux. « Que de choses dont je n'ai point besoin » disait Socrate devant l'échoppe d'un commerçant.

La mondialisation du commerce des produits industriels et financiers conduit à s'interroger sur la logique de création de besoins sociaux (MASLOW). Car la libéralisation telle que la conçoit l'OMC aura dans l'avenir -si ce n'est déjà en place-, des effets sur la balance des paiements. Si l'on dépasse le raisonnement immédiat qui consiste à admirer béatement les bienfaits du libéralisme, il y a matière à réflexions et à critique radicale de ce qu'on appelle le « mode de production industriel ». Le passage à l'économie de marché s'est effectué sans aucun plan[20] ni au niveau macro

18Rapport PNUD/CNES sur le développement humain en Algérie 2006p40

19El WATANE du 25/08/11 commentaire d'un rapport duCNID

20Le ministère en charge de la planification a été dissous en 1989

économique ni au niveau de l'entreprise. En outre, le secteur d'état balloté par les restructurations successives dont il fait l'objet, par suite d'absence de vision économique de son rôle et plus par idéologie néo-libérale, s'est vu détruit peu à peu. Il s'est transformé en friche industrielle offerte au « moins disant » !

Quant à l'investissement direct étranger (IDE) il se trouve qu'il ne connait que le secteur des hydrocarbures !

L'Algérie donne une image paradoxale d'un pays qui s'est donné en principe les bases institutionnelles d'une économie de marché libéralisée, sans transformation de ses bases d'accumulation lui permettant d'envisager une croissance durable hors hydrocarbures. Ainsi l'on notera qu'un marché financier intérieur a été créé, le cadre d'encouragement à l'investissement privé a été mis en place et amendé maintes fois, depuis 1993, en vue théoriquement de lever tous les obstacles à l'incitation à investir. L'Etat s'est fortement désengagé de l'économie en renonçant à tout investissement productif structurant et ou de relance économique depuis deux décennies, les régimes monétaires et du commerce extérieur ont été libéralisés. Mais la fiscalité et le système bancaire n'ont pas suivi jusqu'ici ce vaste mouvement. La déréglementation, pour l'instant, a eut deux principaux effets ; les capitaux privés s'orientent vers les secteurs spéculatifs à haut rendement immédiat tel celui de l'importation soit directement soit par reconversion d'activités. Les capitaux étrangers s'orientent vers le secteur des hydrocarbures. Le système de production national étant confronté à un double phénomène celui de l'obsolescence en raison d'une concurrence déloyale ou d'une hyper-compétitivité remettant en cause une production socialement utile. Que faut-il donc pour inciter à investir afin d'assurer une croissance et un développement durable ?

L'investisseur recherche plus que des garanties institutionnelles. Il veut être à l'abri des pressions et tracasseries de son environnement des fluctuations au quotidien du bénéficiaire de son investissement. Cela nécessite « un climat » d'investissement financier stable et viable car l'investissement suppose un calcul de rentabilité et de rendement qui impliquent une stabilité.

Dans tous les cas la clé est dans des institutions stables et transparentes et un Etat fort, responsable et compétent à même d'en garantir le respect par tous.
En second lieu si l'on souhaite une croissance économique durable qui ne soit pas simplement le contraire d'une économie fondée sur un développement autocentré il y a lieu de créer les conditions économiques pour un investissement orienté vers la demande nationale à des conditions compétitives avec le marché international.

Pour ce faire l'ensemble des opérateurs nationaux doivent avoir une appréhension exacte claire et solidaire de la dimension extérieure. Les marges de manœuvres sont étroites d'autant que le système national de production publique a été mis en panne depuis prés de deux décennies de réformes et que le secteur privé de production par suite d'instabilité de l'environnement s'est converti vers des activités plus commerciales.

La dimension extérieure s'est aussi l'entrée dans la zone de libre échange avec l'Europe en 2010 et les obligations de l'OMC. Les effets de ces deux accords tiennent au poids de la compétition européenne sur le maigre tissu industriel national restant, qu'il soit privé ou public.

La gestion ou la bonne gouvernance de cette dimension consistera à retirer un bénéfice touchant l'ensemble du pays et non seulement des îlots locaux ou sectoriels. Face à ces défis certains ont préconisé l'élaboration d'un Pacte National de Croissance susceptible de refonder le consensus social déstabilisé par l'économie de marché et l'ouverture commerciale. L'histoire économique récente des pays avancés montre que la croissance économique suppose une discipline sociale mais que les sacrifices consentis doivent avoir une contrepartie.

Les IDE

Les flux mondiaux ont connu une légère reprise (5% en 2010), le volume des Investissements directs étrangers (IDE) en Algérie en 2010 est estimés à 2,291 milliards de dollars soit une baisse de 17% par rapport à 2009

Un rapport de la Cnuced sur les flux d'IDE dans le monde note que les pays en voie de développement ont attirés près de la moitié des flux de capitaux et qu'ils sont à l'origine d'un nombre record d'investissements, notamment en direction des pays du Sud. L'Algérie semble manquer d'attractivité à l'exception du secteur... des hydrocarbures. Le climat des affaires ne semble pas propice à l'investissement privé national qui attend vainement un secteur d'état dont il espère être un sous traitant. Il en est de même pour l'IDE qui a vu ses calculs de retour sur investissements remis en cause par les aménagements introduits en 2009 sur le code de l'investissement et la règle des 51/49, La création d'une entreprise exige 14 procédures et un délai de 24 jours et coûte en moyenne 34,4% du revenu par habitant. Les obstacles auxquels font face les investisseurs dans les domaines foncier, bancaire ou encore ceux liés à l'infrastructure, sont connus. Les investissements financés sur le budget de l'Etat, estimés à plus de 16 milliards de dollars au premier semestre 2011 dominent largement, Pour les six premiers mois de l'année, le gouvernement a annoncé une hausse substantielle des IDE lesquels auraient atteint près de 7 milliards de dollars.

Il y aurait lieu de distinguer dans ce chiffre d'une part le secteur des hydrocarbures et des mines et d'autre part les rentrées réelles de capitaux et non les intentions d'investissements auprès de l'Agence nationale pour le développement de l'investissement (ANDI) ;Cela permettrait d'apprécier les flux de capitaux liés aux IDE répertoriés par la Banque d'Algérie.

L'unité de la population et du territoire est la pierre angulaire qui a focalisé la pratique politique.

L'unité est d'abord l'inaliénabilité du territoire. L'organisation géographique du pouvoir politique, l'équilibre régional   reflètent la vision de l'espace national. Lorsque l'organisation territoriale a été effectuée l'on a eu tendance à la reconduire au fil des années, négligeant son adaptation aux transformations induites par cette même organisation territoriale. Un nouveau code communal et départemental a été adopté par le gouvernement le 28/08/11 remplaçant un code en vigueur depuis 1967. C'est donc un processus permanent de réformes qui permet cette adaptation. Aussi bien, la solidarité ne signifie pas uniquement de donner, partager et transférer des paiements mais s'étend à un concept plus large et plus global de solidarité dans les domaines de la production, l'épargne, l'investissement, la commercialisation, l'intermédiation financière, la mobilisation sociale et le développement de l'esprit d'initiative (d'entreprise) ainsi que le renforcement des groupements commerciaux
« Formez donc des hommes si vous voulez commander à des hommes: si vous voulez qu'on obéisse aux lois, faites qu'on les aime, et que pour faire ce qu'on doit, il suffise de songer qu'on le doit faire. » JJRousseau

Crise de la protection sociale ou crise de responsabilités ?

En raison d'un chômage important et persistant et d'un ralentissement de la croissance, le poids relatif des prélèvements obligatoires s'est accru, dans la totalité des pays industriels.

Durant les premières années de la crise la plupart des gouvernements se sont efforcés de maintenir le niveau des prestations en optant soit pour le recours au déficit budgétaire, soit par accroissement de la pression fiscale; le souci étant, de préserver la protection sociale et la recherche d'une plus grande justice sociale, mais il était aussi de maintenir la demande solvable et d'atténuer le cycle de la dépression économique.
Mais la persistance de la crise a amené les gouvernements à prendre de sévères mesures de régulation, et même de restrictions des prestations, ainsi qu'à adopter des réformes de financement avec une participation accrue des salariés.

Au delà   de la crise du système c'est la notion de responsabilité – par manque de participation des assurés – qui est en cause. Conçue comme une assurance collective, impliquant l'effort de chacun –la sécurité sociale, est demeurée, très souvent, dans son application, un système reçu comme une assistance ou comme la reconnaissance des seuls droits au détriment des devoirs de chaque citoyen.

La protection sociale est à la fois un mécanisme de solidarité et de répartition secondaire Il est pour le moins irréaliste de ramener ce qui fait l'originalité culturelle de chaque peuple à un même modèle de solidarité et de protection sociale. C'est aussi dans ce domaine que l'on peut plaider l'exception culturelle et même « civilisationnelle » auprès de l'OMC.

Ces quelques faits montrent les limites d'un calcul fondé sur un coût circonscrit aux parties directement concernées. Le postulat de ce calcul est qu'un système économique de marché ne reconnaît que la production marchande et rentable fondée sur le calcul des coûts directs compensés directement par l'échange sur le marché.

Toute approche de ces questions se doit de placer en perspective les problèmes d'organisation et de fonctionnement de la protection sociale avec leurs finalités sociales économiques et politiques et les exigences de l'économie de marché. Cela permet de faire apparaître :

1- sans ambiguïté le rôle primordiale de la protection sociale dans ces trois volets de développement humain de couverture des risques et de protection des plus faibles et la croissance.

2- de donner un cadre de référence pour une appréciation de la notion d'équilibre financier dynamique.

3- de contribuer à améliorer les outils d'évaluation dans une perspective d'une plus grande responsabilisation de la nation à travers les différents organes de représentation dans l'évolution et la sauvegarde du système.

4- de proposer des programmes d'améliorations de l'organisation et du fonctionnement susceptibles de donner naissance à une concertation nationale et sociale pour un véritable plan d'action multi sectoriel à court moyen et long terme.
C'est dans cet esprit que peut être fondé un dialogue démocratique national entre les forces économiques et sociales ; et que pourra être lancé le traitement du dossier sur le fond évitant ainsi le reproche de ne l'avoir pas traiter à fond ! Evitant aussi que le débat esquive le fond pour se réfugier dans la forme.
Car, en toute chose, il est vital de considérer la fin. La fin essentielle de la protection sociale est la solidarité et la cohésion sociale. En rappelant ces finalités on évite que la technique occulte, alors, la fin, et que l'intérêt particulier ou catégoriel prime sur l'intérêt national.

En mot, pour paraphraser le conseil d'un DING XAO PING, chinois illustre au démarrage de la transition vers l'économie de marché : « traverser l'oued en tàtant chaque pierre »

L'économie repose sur une loi celle de l'offre et de la demande. Jeter les dictatures avec l'eau du bain implique de rompre avec les sirènes de la consommation. En effet selon Lao Tseu le sage est celui qui parle au cœur et emplit les ventres.

Nous avons besoin de visions positives, et nous éloigner des graves inconvénients de la bonne conscience de la pensée unique. Pour ce faire il est utile d'avoir, quelques outils d'autodéfense intellectuelle et sortir des ghettos militants, « indignez vous » !

Chapitre II :

La pauvreté n'est pas une fatalité ;

Elle est un produit des rapports de production et de redistribution de la richesse créée

I La pauvreté en Europe

Ces données sont celles d'Eurostat, l'office statistique de l'Union européenne et proviennent de l'enquête UE-SILC JE qui publie ce communiqué sans commentaires
En 2011, 119,6 millions de personnes, représentant 24,2% de la population, étaient menacées de pauvreté ou d'exclusion sociale dans l'UE27, contre 23,4% en 2010 et 23,5% en 2008. Cela signifie que ces personnes étaient confrontées à au moins une des trois formes d'exclusion suivantes: à risque de pauvreté, 1, en situation de privation matérielle sévère 2 ou vivant dans des ménages à très faible intensité de travail3

La réduction du nombre de personnes confrontées dans l'UE au risque de pauvreté ou d'exclusion sociale est un objectif clé de la stratégie Europe 2020 (2) En 2011, les plus fortes proportions de personnes menacées de pauvreté ou d'exclusion sociale ont été enregistrées en Bulgarie (49%), en Roumanie et en Lettonie (40% chacun), en Lituanie (33%), ainsi qu'en Grèce et en Hongrie (31% chacun), et les plus faibles en République tchèque (15%), aux Pays-Bas et en Suède (16% chacun) ainsi qu'au Luxembourg et en Autriche (17% chacun). Ces données sont publiées par Eurostat, l'office statistique de l'Union européenne et proviennent de l'enquête UE-SILC(3)
17% de la population menacée de pauvreté monétaire dans l'UE27...

Si l'on observe séparément chacun des trois éléments définissant le risque de pauvreté ou d'exclusion sociale, on constate que 17% de la population dans l'UE27 en 2011 était à risque de pauvreté après prise en compte des transferts sociaux, c'est à dire que leur revenu disponible était en-dessous du seuil national de risque de pauvreté(1)
Les taux de risque de pauvreté les plus élevés se situent en Bulgarie, en Roumanie et en Espagne (22% chacun) ainsi qu'en Grèce (21%), et les plus bas en République tchèque (10%), aux Pays-Bas (11%) ainsi qu'en Autriche, au Danemark et en Slovaquie (13% chacun). Il convient de noter que le taux de risque de pauvreté est une mesure relative de la pauvreté et que le seuil de pauvreté varie considérablement selon les États membres. Le seuil évolue également dans le temps, et en raison de la crise économique, il a diminué au cours des dernières années dans un certain nombre d'États membres.

…9% en situation de privation matérielle sévère…

Dans l'UE27, 9% de la population était en situation de privation matérielle sévère, ce qui signifie que leurs conditions de vie étaient limitées par un manque de ressources, comme par exemple le fait de ne pas être en mesure de régler leurs factures, de chauffer correctement leur logement ou de prendre une semaine de vacances en dehors de leur domicile(1).

La proportion de personnes en situation de privation matérielle sévère différait fortement selon les États membres, variant de 1% au Luxembourg et en Suède à 44% en Bulgarie et 31% en Lettonie…et 10% vivant dans des ménages à très faible intensité de travail

Concernant l'indicateur de faible intensité de travail, 10% de la population âgée de 0 à 59 ans vivait dans l'UE27 dans des ménages où les adultes avaient utilisé moins de 20% de leur potentiel total de travail au cours de l'année passée(1)
. La plus forte proportion de personnes vivant dans des ménages à très faible intensité de travail se situait en Belgique (14%) et la plus faible à Chypre (5%).

II) La pauvreté dans les pays en développement

Aucune ligue des droits de l'homme n'a évalué le désastre causé aux dignités humaines par l'appauvrissement. A l'aube du XXIème siècle et du libéralisme qui se veut généralisé, la vague qui a déferlé depuis vingt ans sur le monde et sur l'Afrique en particulier, semble avoir creusé un trou sous les pieds des plus pauvres de la planète et a élargi leur nombre.

Le processus s'est déroulé en deux étapes principales. La première qui a débuté à la fin des années 70 a vu s'effriter les quelques positions acquises par les politiques de développement autocentré. Ces politiques, et selon leur degré de développement, n'ont pas résisté, longtemps, aux conjonctures successives, et parfois simultanées, caractérisées par ; la baisse des revenus d'exportation, l'augmentation du service de la dette, l'accroissement des taux d'intérêts, la dégradation des termes de l'échange, la manipulation du cours du dollar. Parallèlement le protectionnisme des pays riches devenait plus rigoureux.

Selon le Wall Street Journal du 27/5/86, de 1976 à 1982 la fuite des capitaux s'est élevée à : « 26 milliards de dollars en Argentine, 10 milliards de dollars au Brésil, 10 milliards de dollars en Inde, 10 milliards de dollars en Indonésie, 12 milliards de dollars en Malaisie, 10 milliards de dollars au Nigeria, 9 milliards de dollars aux Philippines, 56 milliards de dollars au Mexique ». Les transferts nets annuels des pays du tiers monde sont 39 milliards de dollars. Le total de l'aide annuelle est de 50 milliards de dollars.

Ainsi, tout au long de la décennie 80, dans les pays du tiers-monde, statistiques officielles à l'appui', les plus pauvres de ces pays et ceux qui le sont devenus, ont payé le prix de l'arrêt des politiques de développement autocentré.[1]

En effet, la deuxième étape qui débute fin des années 80, celle des ajustements structurels, a accéléré le processus de la chute des pauvres entraînant avec eux ceux qui ne l'étaient pas dix ans avant. Les filets de protection sociale proposés, ont des mailles tellement larges et fragiles, qu'ils n'ont pas tenu l'espace de temps nécessaire à leur mise en place. L'ensemble des pays du tiers-monde de leur propre initiative ou, plus souvent, avec l'alibi confortable des institutions de Bretton Woods, ont été socialement appauvris. Mais ce que l'on constate c'est que pratiquement partout cet appauvrissement a touché beaucoup plus les populations les plus indigentes.

La doctrine dominante des nouveaux gestionnaires, au milieu de la dernière décennie, a eu l'étrange caractéristique d'être la même partout: le but est d'augmenter les revenus d'exportation et de diminuer les dépenses, afin de garantir le paiement de la dette. Les transferts nets au titre de crédits à long terme (apports nets de ressources diminués du montant des intérêts effectivement payés) se sont élevés en 1992, pour les pays à revenus intermédiaires, à moins 16,9 milliards de dollars. Le système ainsi négocié avec ces institutions a été caractérisé par le PNUD par cette formule: « Plus les débiteurs remboursent plus ils sont endettés. »[2]

Certains pays ont remboursé trois fois leur dette et sont encore plus endettés. Les principaux bénéficiaires de ce paradoxe, sont le FMI et la Banque mondiale ; car, toujours selon le PNUD : « Entre 1983 et 1987, lorsque les pays en développement ont soudain été confrontés à l'exode des prêts accordés par les banques commerciales, les transferts nets du FMI sont passés de plus 7,6 milliards de dollars à moins 7,9 milliards de dollars. De même les transferts nets de la Banque mondiale sont également devenus négatifs, à moins 1,7 milliard de dollars en 1991.»
Pour ce faire, les outils ont été aussi les mêmes partout faisant ainsi planer un doute sur la souveraineté des États concernés, dévaluation/réduction de la dépense publique en particulier de santé et éducation, réduction et suppression des subventions aux produits alimentaires, diminution de la consommation par réduction des salaires, encadrement du crédit, suppression du contrôle des prix, libéralisation du commerce extérieure à l'importation et à l'exportation, privatisation/augmentation des impôts et des taux d'intérêts.

L'on serait en mal de trouver, sur le continent africain et dans le tiers-monde de façon générale, une mesure originale par rapport à ce bref inventaire. Les accords d'ajustement structurel ne diffèrent d'un pays à l'autre que par le nom du pays et des organismes concernés.

Et pourtant le miracle est là. Chaque pays est convaincu qu'il applique des mesures qui lui sont spécifiques et dues à sa propre situation économique. Le gain d'une telle situation est d'une part de culpabiliser chaque pays pour sa mauvaise gestion, alors que l'ensemble de l'économie mondiale souffre d'un fort endettement public ; et surtout, d'éviter que ne se reconstitue une solidarité des pays ainsi «ajustés». Solidarité, d'ailleurs, fort improbable puisque ces pays sont confrontés à des phénomènes de disparition des solidarités internes fondamentales.

Peut-être, est ce là l'une des raisons pour laquelle, aucun gouvernement des pays du tiers-monde n'a pris l'initiative d'une concertation pour une conférence internationale sur ces problèmes, en vue d'un accord des pays concernés pour un développement moins inégal, ou plus modestement pour limiter l'appauvrissement des populations indigentes. Pourtant, à la lutte contre la pauvreté née du sous-développement il faudra bien des programmes spécifiques pour lutter contre cette nouvelle forme d'appauvrissement ; cette pauvreté née des ajustements structurels, rendus indispensables par les faillites économiques, nécessite pourtant des programmes spécifiques.

Le résultat de ces politiques est que, pour permettre le paiement régulier de leur dette, tous les pays du tiers-monde ont quasiment démantelé les filets de protection des populations alors que ceux-ci ne représentaient pas plus de 5 à 15% de leur PIB.[3] La majorité de ces populations que l'on a appauvries, n'avait pas accès à l'éducation, aux soins de santé primaire, à l'eau potable ; elle est mal nourrie quant elle n'est pas réduite à la famine. Quant à ceux qui avaient pu développer une infrastructure conséquente, ils n'ont plus les ressources nécessaires pour couvrir les charges récurrentes de ces investissements.C'est aussi un processus efficace d'érosion de la dignité d'hommes qui n'ont plus eu les moyens, en moins de dix ans, dans certains pays, de faire vivre leur famille. En réduisant au chômage ceux qui avaient un emploi, par compression d'effectifs et suppression du secteur d'État, en n'offrant à leurs enfants d'autres perspectives que la rue, ou le diplôme sans emploi, en un mot en appauvrissant les populations, ces pratiques n'ont pas apportées de réponses valables, à moyen terme, aux problèmes de régression des solidarités sociales, avec ce que cela comporte comme conséquence sur la cohésion nationale. L'aide humanitaire internationale doit elle devenir le « RMI de substitut » spectaculaire, à ce qu'assurait, tant bien que mal, les solidarités nationales ? En effaçant les quelques programmes publics qui en relevaient, ne fait on pas disparaître le concept même de nation ?

Selon la Banque mondiale, « les pays qui ont réussi à relever le niveau de vie de leur population et à éviter des taux de chômage élevés, y sont parvenus grâce à une croissance de leur production supérieure d'au moins 2 points de pourcentage à leur accroissement démographique ».[4] Les salaires réels, dans la quasi-totalité de ces pays, sur la même période, ont diminué de 30%. Les programmes de soins, d'éducation, d'approvisionnement en eau potable ont été « sapés à la base ». Les taux d'inscription dans les écoles primaires qui étaient de 79% en 80 ont chuté à 67% en 1988.

Les programmes d'ajustement structurel ont été présentés comme une remise à niveau, une adaptation du train de vie par rapport aux moyens. Le thème développé par les experts du libéralisme étendu aux économies en développement est: « Nous avons vécu au dessus de nos moyens ». Au vrai, c'est la mort lente par l'appauvrissement accéléré.

Sur le continent africain, par exemple, il y avait pour la seule Afrique subsaharienne(21) 185 millions de personnes qui n'avaient pas 370 dollars de revenu annuel soit prés de 1 dollar/jour. Dans dix ans ce chiffre aura augmenté de 85 millions. Vivre selon ses moyens cela signifie mourir lorsque le revenu ne dépasse pas ce montant. Ces populations auront elles une vie meilleure depuis qu'elles ont été invitées à changer leurs habitudes, c'est-à-dire depuis la conversion à la gestion économique libérale ?

Et il faut aussi, tout de même, savoir ce que représentait, au début du 21éme siècle dans les pays du tiers-monde, ce bien-être qui leur est à présent contesté, faute de moyens :

14 millions d'enfants meurent chaque année avant d'avoir atteint l'âge de 5 ans. 1,5 milliard de personnes n'ont pas accès aux services de santé.100 millions de personnes ont été frappées par la famine due aux conditions climatiques et aux conflits armés. 300 millions d'enfants ne fréquentent pas l'école. 180 millions d'enfants souffrent de malnutrition.

Sur le continent africain plus particulièrement le tableau est plus sombre: une mortalité infantile des moins de cinq ans qui atteint 178 décès pour 1000 naissances l'inexistence de services de santé pour plus de la moitié de la population ; deux tiers de la population n'ont pas d'eau salubre. L'état sanitaire en raison des maladies tropicales est alarmant, 18 millions de personnes souffrent de la maladie du sommeil et le paludisme tue, chaque année, deux cents mille enfants.
L'enseignement supérieur, en raison des réformes économiques et du retard enregistré dans la relance des activités, forme, plus ou moins bien, des jeunes diplômés condamnés au chômage.

Encore faudrait il compléter ce tableau des coûts humains du sous-développement par le lourd tribu des guerres civiles, dont le nombre en raison d'absence de support économique à la cohésion sociale, et des troubles liés au changement de régime, va grandissant, La distribution des revenus sur le plan national est encore plus inégalitaire qu'il y a dix ans. Elle l'est encore plus, comme on l'a vu, sur le plan international. Bien entendu, en raison des logiques économiques fondées sur le principe du laisser-faire, l'accès aux facteurs de production, au crédit, et aux capitaux, est quasiment impossible pour ces populations dont la caractéristique est d'être, pour l'instant, insolvables.

21Voir les rapports de la banque mondiale et ceux du pnud sur le développement humain thème de la pauvreté

[1] « Dans un rapport établi durant l'exercice 93, la Banque mondiale observe : que si les pays en développement ont sensiblement progressé dans la lutte contre la pauvreté au cours des 30 dernières années, les années 80 ont toutefois marqué un ralentissement à cet égard », op cit., p. 42. Et l'on adopta à la veille du nouveau millénaire des objectifs minima de lutte contre la pauvreté

[2] Ibid.

[3] Rapport sur le Développement humain. PNUD 1992.

[4] Banque mondiale. Rapport annuel 1993, p 161.

- La lutte contre la pauvreté et l'exclusion en Algérie :

La stratégie recommandée par la conférence d'octobre 2000, soumet les politiques macro-économiques et sectorielles nationales à un nouvel objectif majeur : une orientation quasi-exclusive vers la lutte contre la pauvreté et l'exclusion .

C'est là une rupture fondamentale pour un pays qui durant ces quatre dernières décennies de restauration de sa souveraineté nationale, au delà des révisions parfois déchirantes de ses politiques économiques et sociales, malgré une crise économique structurelle qui perdure depuis l'année 1986, et surtout une tragédie nationale qu'il vit depuis près d'une décennie, continue, au travers des déclarations de ses responsables, à revendiquer des objectifs de développement plus ambitieux, et plus conformes à son potentiel d'atouts.   Cette ambition a été encore réaffirmée par le programme du gouvernement adopté le 24 février 2000 qui, réitère l'aspiration « à une place légitime dans le concert des nations,…, et prétend être un partenaire et non un simple objet dans les relations internationales », rappelle les efforts investis dans la construction « d'une économie orientée vers le bien être social » et renouvelle dans son programme « l'attachement solide à un développement à dimension sociale et à la solidarité nationale ».

Dès lors, adopter une stratégie de lutte contre la pauvreté et l'exclusion comme une nouvelle doctrine des politiques macro-économique et sectorielles, relèverait d'un reniement pour un pays qui durant les trois premières décennies post-indépendance, à travers « la création massive d'emplois dans le secteur public, la généralisation de l'enseignement scolaire, la multiplication des infrastructures sanitaires et la gratuité des soins, les plans régionaux, ainsi que la politique de soutien des prix des produits de large consommation, … » a érigé « le développement humain, dans toutes ses dimensions » comme « la finalité des politiques économiques et sociales ».22

Du reste, le discours de Monsieur le Président de la République, prononcé lors de la conférence d'octobre 2000, tranche ce débat doctrinal quant il rappelle « qu'à des degrés divers, la pauvreté au Sud, renvoie, avant tout, au sous- développement, et la lutte pour son élimination se confond largement à la problématique d'ensemble du développement économique ».

Le même discours rappelle un élément du débat oublié par la conférence nationale de lutte contre la pauvreté et l'exclusion ; quand il souligne « comment ne pas évoquer, ici, le cadre asymétrique et inéquitable des relations économiques internationales. Comment ne pas évoquer les mécanismes d'une dette paralysante et indéfiniment recommencée. Comment ne pas évoquer la détérioration dévastatrice et incessante des termes de l'échange. Comment ne pas évoquer les difficultés et les entraves aux

---

22Rapport national sur le Développement humain, CNES, Mai 1999

transferts de technologie. Comment ne pas souligner l'échec des politiques d'ajustement structurel à relancer la croissance en dépit des régressions sociales qu'elles ont imposé ? ».

Tout en renvoyant la stratégie de lutte contre la pauvreté et l'exclusion à la problématique d'ensemble du développement, le discours d'ouverture du Président de la République appelle toutefois à « l'intégration étroite de la lutte contre la pauvreté dans la stratégie de développement afin de stimuler et de diversifier la croissance économique ». Plus encore il souligne le refus de « tolérer que persistent les situations de pauvreté extrême qui se sont installées depuis quelques années » et il assigne au gouvernement un objectif explicite. Celui de « l'élimination de cette forme de pauvreté, c'est à dire l'accès de tous sans exception, à la satisfaction des besoins vitaux minimum, devra être impérativement en toute priorité réalisée dans les toutes prochaines années ».

Cette stratégie de développement, cette croissance économique, a pendant plus d'une décennie été sacrifié sur l'autel de l'ajustement structurel. Il en a résulté une dégradation des principaux indicateurs sociaux que les travaux de la conférence nationale de lutte contre la pauvreté a mis en exergue. En écho au constat opéré par cette conférence et les inquiétudes suscitées par les travaux du CNES, notamment son rapport sur le développement humain en 1998 ; profitant d'une stabilisation des indicateurs macro-économique et d'une embellie des ressources générées par les exportations d'hydrocarbures, le gouvernement a adopté en avril 2001, un programme de soutien à la relance économique à court et moyen terme (2001-2004) qui inscrit la pauvreté et l'exclusion au rang de ses objectifs essentiels.

Chapitre III

L'art d'ignorer les pauvres… C'est de les contenir !

III.1 L'inquiétude et les mesures envisagées

L'on verra ici comment le système capitaliste qui créé ses pauvres se prépare à les "contenir" donc à combattre leurs menaces. C'est à travers la récente manœuvre de l'armée suisse et en particulier des objectifs retenus que cet article relève logiquement que l'ennemi de classe ce sont les pauvres et que la pauvreté est consubstantiels au système capitaliste. Les mesures prises ou envisagées sont édifiantes.

« Durant la première quinzaine de septembre dernier, l'armée suisse s'est engagée dans un exercice d'une actualité aussi brûlante que dérangeante, et surtout très instructif. Le scénario retenu, baptisé Stabilo Due, mettait aux prises la soldatesque helvétique avec des problèmes posés par «l'instabilité d'une partie de l'Europe», scénario qui incluait des violences et des attentats sur territoire national, en plus d'un afflux massif de réfugiés en provenance de… «Grèce, d'Espagne, d'Italie, de France et du Portugal».
Les stratèges helvétiques estiment en effet que face aux troubles sociaux qui montent en puissance suite à l'aggravation de la crise économique, *«la concentration militaire européenne actuelle, au plus bas depuis la Guerre Froide»*, est une véritable *«porte ouverte aux insurrections»*. Bref, la Suisse pense que ses voisins ne seront pas en mesure de mater une éventuelle insurrection des laissés-pour-compte de la globalisation si elle devait survenir. Et de manière très décomplexée, Dame Helvétie se prépare donc très scrupuleusement à l'éventualité d'un chaos social échappant à tout contrôle dans la zone euro. »

Les immigrés européens sont, pour une part, ceux qui ont des raisons fiscales. Mais il y a aussi ceux qui émigrent pour des raisons de salaires et qu'une circulaire de l'UE a symbolisé par le plombier polonais. Pensons aussi au peuple rome qui nomadise a travers l'Europe depuis ses foyers de l'est

Un buzz révélateur

L'exercice suisse, qui a mobilisé environ 2000 soldats, reste en soi assez anecdotique. Ce qui l'est moins, c'est le buzz qu'il a provoqué. La chaîne d'informations BFM TV a ainsi choisi d'y consacrer un très long développement, relevant que les états-majors européens planifiaient sans doute également de tels scénarios, mais sans oser en parler ouvertement. Nombreux ont également été les analystes en matière de sécurité qui se sont saisis de l'évènement pour développer leur argumentation autour du chaos à venir dans la zone euro. Même les médias Russes ont repris la nouvelle pour mettre en exergue eux-aussi le caractère explosif de la crise de la dette. Et aux Etats-Unis, c'est entre-autres le site infowars qui s'en est fait l'écho dans le même sens.

Dans l'ensemble, chacun s'est en quelque sorte saisi de l'évènement pour conjurer ou accréditer sa propre perception dramatique de la situation.
L'une des vertus de l'exercice helvétique a donc été de montrer que l'hypothèse d'un naufrage inéluctable de notre Hyper-Titanic n'est plus confinée aux analyses «dissidentes», mais est bel et bien en train d'être intégrée par l'élite même du Système.

La menace intérieure

En retenant sans complexe la probabilité de troubles sociaux et d'insurrections liés à la crise à têtes multiples qui secoue le Système, le scénario helvétique a aussi brisé un tabou. A savoir qu'au niveau des états-majors des Etats du *«monde libre»*, le péril rouge et la menace du terroriste islamique sont désormais *has been*, et que ce sont bel et bien les déshérités, les crève-la-faim, les smicards, les réfugiés, les sans-emplois, les sans-avenirs, les sans-espoirs bref, les *Indignados* qui sont aujourd'hui la principale menace contre laquelle les Etats-cellules du Système vont sans doute chercher à se prémunir, et l'article poursuit *«Même dans sa zone d'influence, d'abondance, le Système n'est donc plus en mesure de résoudre ses contractions, de gaver tout le monde. Chômage, paupérisation, marginalisation : un pourcentage sans cesse grandissant des populations occidentales rejoignent peu à peu les laissés-pour-compte du Système. Autant d'Indignés en puissance. La supercherie d'un projet néolibéral définitivement insensé et intenable, est devenue impossible à cacher. (…) Comme tous les systèmes, le Système néo-libéral cherchera donc à persévérer dans son être. Tant que ses moteurs ne seront pas totalement à l'arrêt, la violence va aller grandissant à l'intérieur de sa zone d'influence et les hordes de laissés-pour-compte qui vont vouloir affronter sa machine de répression seront criminalisées et combattues.»*
Source : Entrefilets.com
Mis en ligne le 20 octobre 2012, par Mecanopolis.
Lire également *Pourquoi notre hyper-Titanic va couler* et La Suisse se prépare militairement à faire face à une éventuelle instabilité en Europe *ctrl+click pour atteindre ce site*

III.2 Sus aux parasites ! « Immigration clandestine » juridiquement mais pas économiquement Le fonds de commerce des droites en Europe

En Europe, des efforts ont été déployés pour lier les flux migratoires au développement du pays d'origine sous forme d'appui au retour ; Et les problèmes posés par l'intégration des immigrés de la deuxième génération ont donné lieu à des politiques plus actives.

En un mot, la tendance lourde est que les travailleurs immigrés et leurs familles se sont vus reconnaître, après plus de 100 ans, la quasi plénitude de leurs droits sociaux. Mais la flexibilité et la précarité de l'emploi sont encore plus fortes pour eux..

Que suggère le constat sur les flux migratoires vers les pays développés au cours du XXéme siècle ? Clandestins juridiquement, ces hommes et de plus en plus ces femmes, le sont-ils économiquement ?

Les flux migratoires sont à la base de la Société humaine. Elle prend néanmoins dans les pays en développement une dimension particulière car, contrairement à celles qui ont eu lieu au sein des pays développés ces migrations sont amplifiées par des facteurs extérieurs incontrôlables aux Etats eux-mêmes. Ainsi, au phénomène d'urbanisation accéléré se sont ajoutées celles des migrations internationales imposées par la mondialisation dans ses deux formes historiques, la colonisation et la globalisation des échanges. L'économie mondiale dominée par les sociétés avancées et post industrielles et les bouleversements dans les formes capitalistiques d'accumulation, de concentration et de centralisation sont autant de facteurs aggravants et créant une situation apparemment non désirée. Dans les pays en développement l'urbanisation, donc les mouvements internes, touche prés 70% de la population.

C'est dire que les migrations transnationales ne relèvent pas uniquement de mesures de contrôle de la circulation des personnes et donc d'accords juridiques. Elles appellent une vision globale intégrant particulièrement un passé historique toujours présent et un mode de développement de la mondialisation des échanges et des transformations des marchés du travail dans les économies dominantes.

Autant de facteurs extérieurs forts qui font naître, déterminent et entretiennent les flux migratoires. Ce qui fait problème c'est qu'à l'instar des échanges commerciaux sur les marchés des produits et des capitaux, le marché du travail international fait l'objet de spéculation sur la variation tant des flux que de la valeur de la force de travail.

En premier lieu, l'impératif de régulation des flux migratoires est avant tout la reconnaissance d'un fait économique structurel, considéré pendant longtemps comme conjoncturel et transitoire. C'est ce qui permet une exploitation de la main d'œuvre immigrée sur le plan salarial et social, discriminatoire. A la base des flux il y a la recherche d'une main d'œuvre bon marché et susceptible de pallier le déficit en ouvrier des pays industrialisés confrontés à un exode rural insuffisant. La colonisation a permis d'y pourvoir amplement. Les relations d'interdépendance et de domination et d'écart de développement entre les économies en sont donc la cause principale. Les flux migratoires ont existé de tout temps et se sont accrus et accélérés plus particulièrement avec le développement des sociétés industrielles capitalistiques. Ils se sont dilatés et modifiés avec la colonisation puis avec la reconstruction d'après guerre et ils suivent enfin les mutations du marché du travail conséquentes à la révolution scientifique et technique engagée depuis 1970.

En second lieu, et si ces faits étant admis, le contrôle des flux par des Etats souverains doit par conséquent être mené en termes de coûts/avantages réciproques et non pas uniquement en termes de police des frontières ou d'intégration ou d'aide au retour. Les flux migratoires relèvent de l'analyse économique et sociale, tant il est vrai qu'ils constituent un facteur de production dont la reproduction simple et élargie est menacée autant par les conditions de son exploitation que par le sous développement des pays d'origine. La recherche de main d'œuvre à bon marché est une constante de l'accumulation et une de ses conditions nécessaires. Les sociétés post industrielles n'ont pas supprimé les flux migratoires et la population immigrée pour la majorité des pays de l'OCDE est stable ou en légère croissance. Ces économies semblent fonctionner avec un volant incompressible de main d'œuvre étrangère à l'intérieur de leurs frontières et à l'extérieur par délocalisation. La cause essentielle étant le différentiel de salaire que permettent les flux de main d'œuvre étrangère et le maintien d'un volume d'emploi ouvrier.

En troisième lieu, ce qui parait changer tient à la composition de ces flux migratoires et non à leur volume. Ils se sont déplacés géographiquement et qualitativement pour une partie. Les immigrations anciennes et celles de la deuxième génération sont en voie d'intégration. L'importance des migrations clandestines montre la persistance de la demande de main d'œuvre banale à des conditions d'exploitation illégales mais avantageuses pour les employeurs. Le fait nouveau est le caractère clandestin.
Si l'on se réfère aux pays de l'OCDE on constate que l'appel à la main d'œuvre étrangère est une constante et que chaque pays a son bassin de main d'œuvre composé de trois groupes principaux. Le premier représenté par les migrations internes à l'OCDE ; le second est celui de migrations dites traditionnelles liées à la colonisation, le troisième comprend deux groupes distincts celui des pays de l'ex bloc socialiste et le second, celui des pays asiatiques.
Les politiques migratoires adoptées par tous les pays de l'OCDE depuis 1974 expriment les transformations structurelles de ces économies, la dérégulation et le libre échange des capitaux et des biens, la flexibilité et la dérégulation du marché du travail mais une régulation des flux de migrations transnationales. Ce dernier volet est centré principalement sur trois grands types d'actions.
Le contrôle des flux, y compris celui des demandeurs d'asile ; l'intégration et enfin, la coopération bilatérale et régionale pour le contrôle des flux.

Ces mesures ont un double aspect, elles sont à la fois conjoncturelles et structurelles. En effet, si elles sont imposées par la situation des marchés nationaux de l'emploi dans chacun des pays de l'OCDE, elles prennent en compte des tendances lourdes liées aux besoins d'économies de libre échange, hyper capitalistiques contrôlant à l'échelle mondiale les facteurs de production. Dans ces conditions, à la main d'œuvre étrangère occupant des postes de travail faiblement qualifiés, s'ajoute l'immigration de personnes hautement qualifiées, titulaires de diplômes dont l'entrée est encouragée par des dispositions législatives prises dans ce sens et sans exception dans tous les pays développés. L'offre de travail peu qualifiée existant toujours, les nouveaux demandeurs d'emplois sont réduits au « statut » de clandestins. L'équilibre entre les offres et la demande devenant un marché juteux pour les passeurs et créant un véritable commerce de personnes humaines.

L'immigration clandestine pose un double problème celui de ses causes, celui de ses conséquences. Si les causes de départ du pays d'origine sont connues et sont exclusivement mises en avant, celles qui tiennent au pays d'accueil le sont rarement. Juridiquement ces mouvements sont clandestins et comme tels doivent être contrôlés et combattus. Il demeure que l'offre qui les fait naître est économique est bien réelle et qu'elle trouve dans le caractère clandestin une source d'exploitation que ne lui permet plus l'immigration régulière ou intégrée. Les mouvements de solidarité qui se sont manifestés avec les sans papiers dans divers pays d'Europe ont mis en évidence cette ambiguïté de la « clandestinité » juridique.

Les économies développées procèdent régulièrement à des régularisations de main d'œuvre clandestine ; au cours de ces vingt dernières années l'Italie, la France, l'Espagne, le Portugal et les Etats Unis, selon l'OCDE, ont procédé à la régularisation du statut de 3.572.900 personnes, dont 2.684.900 seulement pour les USA. Les conditions minimales de régularisation sont liées à une durée minimale de travail sur le territoire, justifiant, a posteriori, l'utilisation clandestine de la main d'œuvre, en dehors des règles du marché.

Les contrôles des flux ont certes, heureusement, ralenti ce type d'immigration, mais sa persistance appelle les mêmes remarques que celles qui étaient faites quant à la situation sociale et économique et aux conditions de vie de l'émigration régulière avant l'adoption des politiques d'intégration. La main d'œuvre émigrée est globalement en marge de ces sociétés, mais elle connaît à présent une fracture qui crée un volant de réserve pesant sur l'emploi et les salaires des immigrés réguliers.
Dans ces conditions et dans une optique coût/avantages, que signifie la maîtrise de flux migratoires pour le pays de départ. ? La mondialisation et les facteurs sur lesquels elle repose sont ils aptes à renverser la tendance à l'émigration clandestine ? La coopération internationale doit-elle se concentrer exclusivement sur cet aspect du sous développement ?
Telle qu'elle se présente actuellement pour notre continent, la globalisation ne semble pas apporter les réponses attendues en termes de croissance et de développement et donc d'emplois pour la main d'œuvre nationale, malgré le rétablissement des grands équilibres macro économiques et le rééquilibrage des fonctions de l'Etat. C'est encore un facteur d'encouragement aux flux migratoires clandestins. Les faits le confirment.

Le développement du commerce internationale s'effectue entre pays à structures identiques. 1% des importations des pays de l'OCDE proviennent des pays à bas salaires. L'investissement direct étranger, que la libéralisation devait favoriser, est le fait à 96 % des pays industrialisés qui investissent à 75% dans des pays similaires les

25% restant vont dans les pays d'Asie et du Pacifique.

La plupart de ces investissements sont des rachats d'entreprises, sans création d'emplois nouveaux, voire même accompagnés de nouvelles compressions d'effectifs, et visent dans 80% des cas, la consolidation ou l'élargissement d'un marché. La nouvelle évolution des marchés financiers, les volumes concernés par les transactions financières, font que les gains obtenus pour les placements spéculatifs sont supérieurs au taux de profit offert par chaque production nationale. L'internationalisation des réseaux de production met, dans la plupart des cas, en conflit les intérêts des entreprises transnationales, et ceux des nations, particulièrement en matière d'emploi. La logique de ces réseaux est de jouer sans cesse sur les écarts de productivité, de qualification et de salaires entraînant des fermetures d'unités et d'activités. En outre, pour eux, le facteur coûts salariaux n'est pas déterminant. Il ne joue que s'il existe en outre un environnement éducatif qui valorise le capital humain. En d'autres termes la valorisation de nos ressources humaines et le contrôle des flux migratoires est une affaire qui concerne autant l'Etat et la communauté nationale que la coopération internationale.

Les formes actuelles de contrôle de ces flux se traduisent par des coûts pour le pays d'origine sans avantages que le « dumping social » auquel nos Etats sont conduits s'ils veulent aider à la création d'emplois. L'histoire économique des pays aujourd'hui développés comme l'Italie ou l'Espagne montre que seule la croissance et le développement interne freinent et renversent les flux migratoires. Une preuve de la relativité des lois face au mouvement des forces productives et de la nécessité d'une régulation internationale de la mondialisation. Il y a dans un tel sujet matière à réflexion et à débats et surtout à une coopération mutuellement avantageuse entre les pays en développement et les pays riches. Cela suppose que les flux de main d'œuvre dite clandestine compte tenu de leur permanence soient traités dans leur véritable dimension à savoir une demande réelle d'économies à la recherche permanentes de salaires faibles dans des conditions d'emplois et de couvertures sociales nulles que l'émigration régulière ou de deuxième génération refuse.

La logique d'exploitation du travail contrecarrée par les restrictions à l'entrée a trouvé dans ce commerce clandestin de main d'œuvre un créneau tout aussi important que la contrebande de produits de consommation. Mon espoir est de voir les pays africains échanger sur ce thème leur conclusions et refonder la coopération avec les pays riches pour éliminer cette forme moderne d'esclavage qu'est devenue l'émigration dite clandestine dont les avantages sont d'un côté et les risque pouvant aller jusqu'à la mort, de l'autre côté.

Les pays riches ont fait des efforts substantiels pour l'intégration des communautés immigrés pour ne pas ignorer ce nouveau phénomène qui constitue un phénomène que la mondialisation, qui profite aussi aux différentes formes de commerces illicites, transforme en défi aux droits humains et à la coopération.

III-2) La mondialisation et l'emploi

Les analystes relèvent à la fois les grandes tendances d'évolution des politiques nationales dans un contexte de mondialisation des échanges et d'ouverture économique et les questionnements qu'entraînent ces évolutions. Il est ainsi relevé que, depuis une dizaine d'années, le taux moyen de chômage dans les pays de l'Union Européenne avoisine les 11%. Dans les pays en voie de développement et dans les pays à bas revenus, l'absence de données fiables sur l'emploi amène à considérer d'autres indicateurs, tels que le taux de croissance économique et d'industrialisation, lesquels révèlent que le sous emploi et la misère persistent dans de nombreux pays.

Dans les pays en transition, « les inégalités de revenus se sont beaucoup aggravées depuis qu'ils ont opté pour l'économie de marché »[1].De manière générale, y compris dans les pays industriels, les inégalités de revenus s'accentuent et de plus en plus de salariés entrent dans la catégorie des pauvres.

Dans ce contexte, deux grandes inquiétudes apparaissent concernant le chômage :

•La première est que la mondialisation risque de faire empirer la situation,

•La seconde étant que le progrès technique peut déboucher sur une croissance sans emplois.

La mondialisation pose des problèmes sur le plan national et international :

•Le processus d'intégration de l'économie mondiale provoque des bouleversements sociaux et exige des ajustements difficiles ;

•Les gouvernements ont de moins en moins de liberté d'action, ce qui rend ces ajustements encore plus difficiles ;

•Les économies nationales plus ouvertes sont rendues plus vulnérables aux chocs qui ébranlent le système économique international ;

•L'exacerbation de la concurrence sur les marchés mondiaux et la mobilité accrue des capitaux affaiblissent la position des travailleurs, entraînent des remises en cause des normes de travail et pèsent sur les capacités des gouvernements à appliquer des politiques sociales compensatoires.

Le progrès technique se traduit, dans la majorité des cas, par la progression du travail indépendant, du travail à temps partiel et des autres formes atypiques d'emploi, néanmoins, et notamment dans les pays en transition et en développement, les formes classiques d'emploi ne sont pas dépassées.

Malgré ces contraintes, les politiques gouvernementales peuvent infléchir ces tendances par les choix opérés en matière de définition des politiques sociales, en accroissant la productivité du travail par un plus grand investissement dans l'amélioration des compétences, dans la recherche - développement et dans l'infrastructure de valorisation du capital humain,, afin d'éviter que la compétitivité internationale ne passe nécessairement par une réduction des salaires et des avantages sociaux.

Les politiques nationales doivent donc viser en priorité à atténuer les effets négatifs de la mondialisation.

En effet, contrairement à la thèse selon laquelle l'augmentation et la persistance du chômage résulteraient des rigidités du marché du travail « qu'il faudrait donc s'attacher à rendre plus flexible », la principale cause du chômage est le ralentissement de la croissance.

Ainsi, la question de la déréglementation du marché du travail est particulièrement controversée, il apparaît que le ralentissement de la croissance et la déréglementation du marché du travail, y compris la désyndicalisation, ont joué un grand rôle dans l'aggravation des inégalités de salaires dans les pays industriels et que « rien ne permet d'affirmer que cette réglementation est invariablement source de rigidités et que la déréglementation est toujours la solution optimale »[2].

A l'inverse, l'expérience des différents pays montre que la réglementation du marché du travail joue un rôle positif dans l'augmentation de la productivité et dans la protection des travailleurs vulnérables. Enfin, le taux de chômage d'équilibre, dans les pays industriels, varie en moyenne de 3% au Japon à 10% en Europe Occidentale alors que dans les pays en transition, de nombreux facteurs déterminant ce taux de chômage d'équilibre sont encore en gestation :
- les politiques macros économiques dominées par le souci de stabilisation et de restructuration ne sont pas définitivement arrêtées,
- la privatisation n'est pas achevée,
- la structure du marché continue d'évoluer.
Dans ces pays, le taux de chômage d'équilibre qui sera observé à la fin du processus de transition dépendra donc en grande partie des choix qui seront faits par les politiques gouvernementales.
Dans ce contexte, élever la qualification de la main d'œuvre et accroître son « employabilité » deviennent des objectifs majeurs des politiques d'emploi.

III-3 Employabilité et mondialisation : le rôle crucial de la formation

A une époque où le chômage et le sous emploi demeurent un des soucis majeurs de beaucoup de pays, l'accélération de la mondialisation et du progrès technique est à la fois lourde de dangers et riche de promesses.

« Plus le niveau d'instruction et de formation de la population est élevé et plus une nation a de chances de pouvoir saisir les possibilités offertes par ces mutations et de minimiser le coût social de la transition vers une économie plus ouverte. C'est dire le rôle crucial de la formation. »[3]

L'évolution des techniques, de la technologie et les modifications de l'organisation du travail qui en découlent font que la demande de qualifications évolue sans cesse et exigent que soit donnée la plus haute priorité à la formation « et à l'apprentissage à vie ». L'efficacité des politiques et l'efficience des formations mises en œuvre dépendent en grande partie de l'environnement qui doit être propice à la croissance, mais également de la manière dont les décisions en matière de formation sont prises. La concertation entre les pouvoirs publics, les employeurs et les travailleurs pour la prise de décision est, à ce titre, déterminante. Les tendances de l'évolution de l'emploi au niveau mondial montrent que si les perspectives se sont quelque peu améliorées dans certains pays développés, la tendance générale relevée est à la baisse du niveau de l'emploi et à la dégradation de la situation sociale dans la majorité des pays.

Dans le même temps, on observe une progression de la demande de personnel qualifié. Tous les pays, quel que soit leur niveau de développement, ont connu depuis 1980, une progression de l'emploi dans les professions scientifiques, techniques et libérales plus forte que pour les autres professions ;« par contre, aussi bien dans les pays développés que dans les pays en développement, l'emploi a peu augmenté chez les ouvriers et les manœuvres non agricoles ». La seule exception signalée est celle du secteur de la vente et des services.

La diffusion mondiale des nouvelles technologies provoque de profondes mutations de l'emploi, c'est ainsi que des emplois disparaissent, d'autres se créent et que l'organisation du travail se transforme, accroissant le niveau d'exigences des entreprises, vis à vis de leurs employés, qui doivent être plus qualifiés et polyvalents.

Les impératifs de rentabilité et de profit font que nombreuses sont les entreprises qui, plutôt que de développer la formation et la requalification de leur main d'œuvre (considérée comme un surcroît de charges), choisissent de faire appel à du personnel temporaire ou à sous-traiter certaines activités. Pour les travailleurs peu qualifiés, cette situation a pour conséquence l'abaissement des rémunérations ou l'aggravation du chômage.

Il apparaît ainsi que la qualification conditionne de plus en plus l'employabilité des individus et, au niveau macro-économique, la compétitivité des économies nationales. C'est dire l'importance de la politique de formation qui doit à la fois répondre à l'accroissement de la demande de personnel qualifié et venir en aide à ceux que l'évolution actuelle du marché de l'emploi pénalise.

[1] rapport du BIT sur l'emploi dans le monde 1996/97
[2] op cité
[3] rapport du BIT sur l'emploi dans le monde 1998/99

Intermezzo

L'évolution de l'emploi et du chômage en Algérie a connu une période négative de 1987 à 1999 et une reprise à partir de 2005/2006.
En effet, depuis 1987, le chômage n'a cessé de s'aggraver, et en 1998, le nombre des chômeurs était évalué à plus de 2,3 millions de personnes, soit 29,2% de la population active.

Cette aggravation du chômage résulte non seulement de la baisse sensible des créations d'emplois mais également des compressions d'effectifs. Les réformes, en effet, induisent des restructurations économiques, qui donnent lieu à des licenciements massifs (500.000 entre 1994 et 2000, soit plus de 8% de la population occupée), sans que de nouveaux emplois soient offerts en quantité significative.

Les emplois alternatifs à faible valeur ajoutée, institués dans le cadre du dispositif d'aide à l'emploi des jeunes, deviennent de plus en plus importants, relativement aux emplois permanents. Parallèlement, l'emploi dans le secteur informel progresse de façon soutenue. Ce secteur regroupe des personnes travaillant pour leur propre compte, dépourvus de registre de commerce, donc non enregistrés auprès des services fiscaux et ne payant pas de charges sociales.

Dans le même temps, la demande continue de croître au rythme de 250.000 demandes additionnelles par an. Cette situation était directement liée à l'évolution de l'économie au cours de ces deux dernières décennies. Les différentes mesures initiées peuvent être répertoriées, sous les rubriques désormais conventionnelles de mesures actives et mesures passives. Les mesures actives intègrent ou ont déjà intégré, un effectif en poste de l'ordre de 530.000 personnes pour l'année 2000. Si l'on exclut les micro-entreprises et le micro-crédit, dont les dispositifs de financement sont particuliers, les autres mesures actives financées sur des dotations budgétaires, ont mobilisé au total, durant l'année 2000, une enveloppe de l'ordre de 35 Milliards de DA.

Les mesures passives (y compris les allocataires de l'Allocation Forfaitaire de Solidarité) ciblent au cours de l'année 2000, un effectif total de l'ordre de 615.000 personnes (AFS : 420.000 ; assurance chômage : 175.000 ; retraite anticipée : 17.000). Ces allocations représentent un coût annuel total de l'ordre de 10 Milliards de DA, dont les 50% sont supportés par les dotations budgétaires pour le financement de l'AFS.

Au total, l'ensemble des dépenses consacrées à l'emploi et à la lutte contre le chômage représentent une proportion de l'ordre de 1,10% du PIB. C'est là un niveau de dépenses relativement faible quand on le compare à certains taux observés dans les économies de marché au niveau mondial. Le niveau des dépenses publiques relatives aux mesures de la politique de l'emploi a représenté des proportions oscillant entre 2% et 5% du PIB dans les pays de l'OCDE, durant la décennie des années quatre vingt dix. Un pays en transition vers l'économie de marché, la Pologne, a consacré en 1994 près de 2,5 Milliards de dollars, soit 2,2% de son PIB au financement des mesures de la politique de l'Emploi.

Malgré ces différentes mesures, et en l'absence de relance de l'économie, le problème du chômage reste préoccupant non seulement du fait de son ampleur mais surtout par sa progression régulière que toutes les tentatives menées pour le stabiliser à un niveau tolérable n'ont pas réussi à juguler.

L'excédent en offre de travail, la rareté et la précarisation toujours plus grande des postes de travail proposés, ont changé le comportement des chômeurs qui se retrouvent dans un environnement très contraignant et face à un marché du travail de plus en plus concurrentiel. De ce fait, ils ont révisé à la baisse leurs exigences en matière de salaire eu égard à leur qualification, ainsi qu'en matière de lieu de travail et de statut de l'emploi. En effet les salaires n'ont pas connu de progression significative pendant la période concernée. Le salaire minimum légal était de 8000 da en 2000 (environ 80 euro)

Tout au long de la dernière décennie, une « politique implicite de l'emploi » s'est structurée progressivement autour des axes suivants :
-Une nouvelle législation du travail consacrant la gestion concurrentielle de la main d'œuvre, la flexibilité et la mobilité du travail,
-Des subventions à la création d'activités,
-Des programmes d'emplois temporaires, y compris dans des formes en marge du salariat,
-Une volonté affichée de développer un segment formation – reconversion,
-Des dispositifs d'assurance chômage, de retraite anticipée et de départ volontaire indemnisé.
Confrontés à certains indicateurs significatifs et déterminants de la réalité du marché du travail, les programmes et dispositifs développés jusque là laissent apparaître leurs limites et semblent même insuffisants à fournir des réponses adéquates au problème posé.
Le poids du salariat, qui constitue la base principale de production de richesses, est en forte et constante régression (58,70% en 1990 et 47% en 2000), dans le même temps qu'aussi bien les mesures prises que le discours qui les accompagne, semblent privilégier le développement de l'auto emploi et d'activités en marge du salariat.
Les mesures alternatives au licenciement, préconisées par le droit du travail, ont été globalement ignorées par les entreprises où la recherche de la flexibilité a été réduite le plus souvent à la compression des effectifs, dans un contexte marqué par de lourdes incertitudes sur leur propre devenir.
Les mesures de l'assurance chômage et de la retraite anticipée, n'ont pas pour autant résolu les problèmes de restructuration des entreprises publiques. Ces dernières, malgré l'importance des effectifs externalisés, reconduisent encore leurs déficits et déséquilibres structurels. Le faible niveau de la structure des emplois existants rend en outre aléatoire toute anticipation sérieuse sur la mobilité des qualifications entre entreprises et entre secteurs.

A ces difficultés, il faut ajouter les autres rigidités du système de l'emploi, où prédominent les multiples contraintes à la mobilité liées au logement, au transport, ou encore les retards que comptabilise la mise sur pied d'une administration de l'emploi moderne et performante, lorsque l'on sait les difficultés structurelles que connaît le service public de l'emploi.

Face à une telle situation, l'interrogation est grande quant à l'efficacité des moyens importants destinés à promouvoir des emplois de proximité et d'attente, quand les prestations et services de masse attendent des programmes à leur mesure. De même que se pose le problème de la pertinence du discours tourné, quasi exclusivement, vers l'encouragement de la micro entreprise, alors que, déjà, les entreprises de moins de dix (10) salariés constituent la majorité des entreprises privées existantes.

C'est dire la nécessité d'une évaluation objective des résultats de 20 années de mises en œuvre de mesures et dispositifs en faveur de l'emploi. Cette évaluation est d'autant plus nécessaire que ce type de mesures est caractérisé par un cycle de vie réduit. En l'absence d'autre alternative sur le court terme (IDE et investissements privés significatifs), une réflexion davantage orientée   sur les possibilités de restaurer l'offre d'emploi, que seul un réengagement des pouvoirs publics semble pouvoir impulser aujourd'hui est nécessaire, C'est d'ailleurs cette option qui est implicitement sous-jacente au programme de soutien à la relance de la croissance adopté par le Gouvernement en 2001 et celui de soutien à la croissance adopté en 2006.

La conséquence est qu'il revient aux pouvoirs publics d'agir de manière plus activement pour favoriser l'émergence d'un véritable marché du travail et de tous les instruments qui permettent sa régulation.

En outre au moment où l'Algérie a signé l'Accord d'Association avec l'Union Européenne et s'apprête à intégrer l'OMC, il est important de s'interroger sur le degré d'adaptation des normes et mécanismes mis en place dans les domaines de l'emploi et des relations de travail à la nouvelle conjoncture économique, comme il convient d'examiner leur faculté d'adaptation aux contraintes générées par le nouveau contexte économique et social caractérisé notamment par une mobilité internationale accrue du capital .

Il s'agit de façon impérative de connaître les facteurs d'évolution déterminants de notre économie et d'en anticiper les effets sur l'emploi si l'on veut agir sur le chômage et non le subir.

III-4 Les questions de l'emploi en Algérie :   Lettre ouverte aux partis politiques AlgériensI

III-4.1) constat, questions et arguments

Constat Le marché du travail semble échapper aux lois classiques de l'offre et de la demande.

Question.1. Ce marché fait intervenir en effet des formes particulières d'organisation du travail choisies par les entreprises et qui ne sont pas sans impact sur le chômage. Par exemple, les entreprises, dans les pays développés, ont un taux de croissance de leur productivité supérieur au taux de croissance de l'économie. La productivité qui libère du travail, lorsque la croissance est faible, devient une cause essentielle de chômage. Dans ces conditions, le salaire même lorsqu'il baisse en termes réels et/ou nominal, ne permet pas d'espérer une reprise de l'emploi.

Question 2. Le chômage qui résulte du niveau des salaires est à la fois volontaire et involontaire. Ceux qui ont déjà travaillé et qui sont chômeurs refusent de travailler pour ce niveau de salaire. Ceux qui sont prêts à travailler pour le niveau de salaire affiché ne trouvent pas d'embauche. Si l'on tient compte du manque de structuration et des insuffisances de l'information, toutes les conditions sont réunies pour que le niveau des salaires soit un amplificateur du chômage et non un élément central du plein emploi.

Argument 1 Le niveau de l'emploi découle non pas uniquement des mécanismes du marché et donc des seuls salaires mais d'interactions économiques dont le rôle central revient aux institutions que sont l'Etat, les entreprises et les syndicats. La régulation des marchés appelle donc des politiques industrielles, des politiques actives de l'emploi et des politiques sociales publiques.

Argument 2. Par ailleurs, l'erreur est de croire à un marché homogène où se confrontent les offres et les demandes d'un travail indifférencié. Le phénomène de la segmentation du marché du travail signifie qu'il existe sur le marché du travail plusieurs marchés. La mondialisation tend à généraliser le schéma suivant dans tous les pays : Il existe deux segments :
-Celui dont les salaires sont élevés et la sécurité de l'emploi grande ;
-Celui où les salaires sont bas et la précarité la règle.
Dans le cas des pays en développement la segmentation est dorénavant encore plus présente dans la mesure où ils s'ouvrent plus fortement aux investissements directs étrangers. La politique des salaires qui en résulte est alors mixte : des salaires élevés pour le segment primaire stable, des bas salaires si l'on veut encourager l'emploi dans le segment secondaire dit flexible ou précaire.

Question 3 S'agit-il donc d'un renversement des fondements théoriques des politiques de l'emploi et des salaires, où les faits démentent les théories. Les causes du chômage sont multiples et une représentation unifiée est dangereuse. Les incertitudes sont plus grandes sur les formes que doit avoir la politique des salaires et de l'emploi des autorités publiques.

Argument 1 La gestion de la main d'œuvre par les entreprises, déconnectée d'une politique de l'emploi, la recherche d'une productivité élevée non accompagnée de croissance économique qui lui soit supérieure, deviennent des causes du chômage. Comment concilier les logiques micros économiques de profit et d'utilité avec les intérêts collectifs ?
1.1 Une politique des salaires et de l'emploi implique une nouvelle économie du travail qui devra tenir compte des données suivantes : Pendant longtemps le sous-emploi et le chômage étaient imputés à l'imparfaite souplesse des rémunérations. Cette rigidité étant attribuée à des causes institutionnelles qu'une déréglementation pouvait corriger.
1.2 La déréglementation appliquée n'explique pas pourquoi la rigidité se maintient

et le chômage perdure. A supposer une action vigoureuse de relance de la croissance, peut-on espérer dans ces conditions une reprise significative de l'emploi, surtout lorsque l'on sait que sur les marchés, la règle est la concurrence imparfaite, que le marché du travail est segmenté, qu'il existe pour l'entreprise différents types d'emplois auxquels s'appliquent différentes politiques des salaires et différents niveaux de flexibilité.

Argument 2 L'entreprise moderne a su sauvegarder et accroitre son profit par... une flexibilité modulée, selon que les postes de travail exigent une stabilité polyvalente ou qu'ils soient dits « de profession » comme dans les banques par exemple, ou enfin qu'ils relèvent d'une division parcellaire du travail comme dans l'hôtellerie. C'est plutôt à cette catégorie que s'applique la flexibilité de marché. Généralement cette catégorie représente 55% des contrats de travail dans les pays riches. C'est sur eux que pèse le plus l'exclusion puisque, s'agissant de contrats de travail à durée déterminée, ils offrent moins de probabilités d'accéder à une formation, ils sont soumis à la loi de l'offre et de la demande en matière de salaires, et l'accès à certains avantages sociaux ouverts au personnel stable leur est impossible en raison de leur précarité. De façon plus grave les contrats de flexibilité sont antinomiques de la formation continue puisque la notion de promotion dans la filière n'existe plus.

Argument 3 - Le second élément d'explication réside dans le manque et la mauvaise information des acteurs du marché du travail. Les équilibres prévus par les théories de l'économie de marché ne pouvant s'établir spontanément, il en résulte nécessairement une coordination dans les décisions des différents acteurs et des interventions de l'Etat. Car la concordance entre l'intérêt individuel et l'intérêt collectif, entre les décisions micro économiques et les grands équilibres n'existent pratiquement pas. Ces deux logiques sont le plus souvent opposées.

Question 4. La coordination des décisions et l'intervention de l'Etat posent le problème du niveau le plus efficace de détermination des salaires et de l'emploi.
Les réponses apportées à ces questions sont déterminantes au plan macro économique car elles permettent d'articuler les négociations sociales à la lutte contre le chômage, de choisir le niveau approprié de centralisation des décisions permettant un volume optimal de l'emploi. Enfin, la négociation salariale en économie de sous emploi chronique où le chômage a un fort degré d'inertie, en privilégiant ceux qui ont un emploi posent le problème de l'impact des salaires courant sur l'emploi futur.
Les équilibres prévus par les théories de l'économie de marché ne pouvant s'établir spontanément, il en résulte nécessairement une coordination dans les décisions des différents acteurs et des interventions de l'Etat. Car la concordance entre l'intérêt individuel et l'intérêt collectif, entre les décisions micro économiques et les grands équilibres n'existent pratiquement pas. Ces deux logiques sont le plus souvent opposées.

Argument 4.1. La coordination des décisions et l'intervention de l'Etat posent le problème du niveau le plus efficace de détermination des salaires et de l'emploi. La notion d'intéressement peut apporter une stimulation à la production et à la participation aux risques.

C'est dire les difficultés de conception d'une politique de l'emploi qui serait limitée aux seuls niveaux des salaires et au volume de l'emploi. Elle doit prendre en compte les choix d'organisation interne des entreprises, la segmentation du marché du travail, le manque d'information des acteurs, impliquant un meilleur arbitrage entre les logiques individuelles des entreprises, des salariés et des chômeurs et l'intérêt collectif.

La question centrale à laquelle doit répondre une politique de l'emploi est celle de la persistance du chômage malgré les dispositifs sophistiqués de flexibilité mis en œuvre dans tous les pays. La protection de l'emploi passe par celle du travail. Pour ce faire l'on doit s'interroger sur les effets réels de la flexibilité sur le chômage et sur l'exclusion, notamment sur la perspective d'insertion sociale, permettant l'accès au logement, et plus généralement, aux possibilités d'endettement. Autant d'éléments qui accroissent l'exclusion sociale et l'absence de perspectives d'avenir.

En dernier ressort l'on constate les décombres de la mondialisation libéralo libérale. « Syndicats en miette » et éclatement du travail sont la réalité actuelle des économies de marché des pays développés confrontés à la flexibilité qui a créé trois nouveaux types d'emplois adaptés à une économie gouvernée par le marché et de plus en plus les marchés financiers.

• Les emplois polyvalents stables que l'entreprise valorise car ils sont liés à un cycle long de production ;

• Les emplois qualifiés de services professionnels qui font que la valeur de l'entreprise repose exclusivement sur eux ;.

• Et enfin, les emplois flexibles de marché ne nécessitant pas de formation lourde. La mondialisation l'ouverture et la stabilité monétaire ont déterminé très rapidement cette forme d'organisation du travail et ont guidé les restructurations. Les contrats de travail flexibles compte tenu de l'éclatement du travail représentent plus de la moitié des effectifs

Les syndicats sont désarmés devant ce nouveau type de salariés car ils sont mal implantés dans les secteurs qui emploient cette main d'œuvre. Elle s'accroît tout en échappant par ailleurs à la réglementation du travail et les écarts avec les salariés à emplois stables augmentent. Encore faut-il préciser que ce phénomène qui dure n'est pas le fait du secteur informel.

Chapitre IV

Une analyse de Marx et Engels sur les mouvements ouvriers

«La grande industrie concentre dans un seul endroit une foule de gens inconnus les uns aux autres. La concurrence divise leurs intérêts. Mais le maintien du salaire, cet intérêt commun qu'ils ont contre leur maître, les réunit dans une même pensée de résistance en coalition... les coalitions, d'abord isolées, se regroupent, et, face au capital toujours réuni, le maintien de l'association devient plus nécessaire pour eux que celui du salaire... Dans cette lutte ou véritable guerre civile" se réunissent et se développent tous les éléments nécessaires à une bataille à venir. Une fois arrivée à ce point-là, l'association prend un caractère politique.»

Nous avons ici le programme et la tactique de la lutte économique et du mouvement syndical pour des dizaines d'années, pour toute la longue période de préparation des forces du prolétariat «à une bataille à venir». Il faut rapprocher de cela les nombreuses indications de Marx et Engels, fondées sur l'expérience du mouvement ouvrier anglais, qui montrent comment la «prospérité» industrielle suscite des tentatives d'«acheter le prolétariat» (*Correspondance*, tome I, p. 136) pour le détourner de la lutte; comment cette prospérité en général «démoralise les ouvriers» (tome II, p. 218); comment le prolétariat anglais «s'embourgeoise» ó «la nation la plus bourgeoise entre toutes [la nation anglaise] semble vouloir finalement posséder à côté de la bourgeoisie une aristocratie bourgeoise et un prolétariat bourgeois» (tome II, p.290); comment son «énergie révolutionnaire» disparaît (tome III, p. 124); comment il faudra attendre plus ou moins longtemps «que les ouvriers anglais se débarrassent de leur apparente contamination bourgeoise» (tome III, p. 127); comment l'«ardeur des chartistes» fait défaut au mouvement ouvrier anglais (1866, tome 111, p. 305); comment les leaders ouvriers anglais deviennent une sorte de type intermédiaire «entre le bourgeois radical et l'ouvrier» (allusion à Holyoake, tome IV, p. 209); comment, en raison du monopole de l'Angleterre et tant que celui-ci subsistera, «il n'y aura rien à faire avec les ouvriers anglais» (tome IV, p. 433).

Chapitre V

Les critiques sociales du capitalisme
Lettre ouverte aux partis politiques arabes (II)

« le système est cruel, injuste, agité, mais il fournit vraiment des biens et, que le diable l'emporte, ce sont des biens qu'on veut » Joan Robinson.

Constat Si le capitalisme mondial est à l'origine de la création de millions d'emplois et de biens et de services, il n'en suscite pas moins une vive contestation les délocalisations des productions se font sur la base d'un dumping fiscal et social a grande échelle fermant les activités similaires dans les pays d'EUROPE et d'occident et créant des zones de non droit mettant en danger la vie des travailleurs dans les pays d'accueil. Ex BOPAL en Inde et effondrement d'un immeuble au Bengladesh causant la mort d'un millier de travailleurs. Est-ce ainsi que l'on encourage la création d'emplois décents ?

Question 1. La vision, selon laquelle le libre fonctionnement des marchés conduit à la prospérité, est une vision optimiste. Des pays sont tombés dans le chaos à la suite des crises financières ou de certaines pratiques des multinationales.(voir crises asiatique, russe et argentine). C'est pourquoi, nombreux sont ceux qui en appellent à un réexamen des bienfaits de la mondialisation et à la construction d'un capitalisme assorti de règles. Sans quoi, le capitalisme mondial pourrait être confronté à de graves problèmes. [1]

Question.2. Les tensions ne manquent pas mais ne signifient pas pour autant effondrement. La diversité du capitalisme ([2]) ne doit pas masquer son unité. Trois caractéristiques essentielles apparaissent communes à ces différentes formes. Toutes les relations économiques sont des relations d'échange ; le contrat le plus important est le contrat de travail ; l'excédent tiré de l'activité de production sert à des fins de valorisation et d'accumulation du capital.

La France fonctionnait il y a encore peu sur la base d'un capitalisme d'Etat.[3] Trois facteurs expliquent ses transformations : la dérégulation des marchés, les privatisations et l'euro qui ont conduit au passage « d'une économie de guichets à une économie de marchés » sans pour autant entraîner l'émergence en France d'un véritable capital national. La part des non résidents dans le capital des entreprises est élevée. C'est pourquoi de nombreuses voix s'élèvent pour que soient favorisés l'actionnariat et l'épargne salariale.

La Grande-Bretagne[4] représente le symbole du capitalisme de marché. La politique néo- libérale menée dans les années quatre-vingt a remis en cause le secteur public ainsi que certaines administrations qui ont été privatisées, ce qui n'a toutefois pas empêché l'apparition d'oligopoles puissants. Sur le marché de l'emploi, la déréglementation a entraîné la création d'emplois à bas salaires et un creusement des inégalités.

La Russie[5] a pris le « turbo capitalisme » comme modèle. C'est à dire « la liberté sans restrictions d'intervenir sur le marché pour acheter ou vendre au prix découlant de la seule loi de l'offre et de la demande. L'inefficacité de contrepoids juridiques, d'instances de contrôle et de tribunaux aboutit non à une situation de libre concurrence mais de monopoles et une généralisation des pratiques criminelles et du racket. »

Question 3. Deux courants majeurs animent le débat dans pratiquement tous les pays.
- Le premier souligne l'amélioration globale du niveau de vie, le progrès technique, la diffusion des biens de consommation. Les effets pervers peuvent être évités par, la création « d'autorités de régulation » indépendantes de tout pouvoir politique assurant le rôle de véritable contre-pouvoir au capitalisme.

-Le second courant insiste sur les dommages écologiques, la détérioration des conditions de travail ou encore le manque d'éthique. Il réclame une médiation politique, « l'intervention de la société civile ainsi que l'instauration d'un mode de régulation garantissant le progrès social. »

Question 4. Si le capitalisme a besoin de la croissance économique, il n'en découle pas automatiquement un progrès social, autrement dit une cohésion sociale née de la confrontation des intérêts individuels. La redistribution des fruits de la croissance devient le point nodal de la contradiction il en va de même de la juste répartition de l'austérité. Il y a, alors, nécessité d'une médiation politique et la prise en compte de la société civile afin d'établir un mode de régulation. Le régime de croissance patrimonial appelle un mode de régulation qui puisse résoudre notamment trois problèmes : le statut du travail, la propriété du capital, l'égalité des sexes. ([6])
Constat : La mondialisation s'est imposée aux peuples de la planète comme une fatalité

Question 5. Médiation politique, société civile, dialogue social, sont des facteurs incontournables.

Question 6 . Enferrés dans des problèmes dépassés d'identité, les partis politiques actuels en Algérie ne permettent pas d'engager un débat éclairé et citoyen sur cette question. La recherche d'un consensus mou semble être leur seule préoccupation. Mais quels intérêts représentent –ils ? Nul ne le sait ou feint d'ignorer! C'est la « fin de l'histoire » : Pas de gauche, ni de droite et donc de classes sociales ; Tous unis dans un même combat : Celui de l'économie de marché sur laquelle chacun surenchérit. L'essentiel est dans le marché comme moyen et comme fin.
« La diplomatie des lacs », selon la belle expression de R. Debray, celle du consensus mou envahit le langage de nos partis politiques qui regrettent, paradoxalement, que la

croissance soit molle. Quel consensus peut s'établir dans une société, alors que celle ci laisse se développer de telles tensions déjà existantes ou potentielles ?
Il faut à présent regarder la réalité en face. Tant que l'on niera ces clivages d'intérêts de classe, tant que «les partenaires sociaux » se paieront de mots en prenant les images projetées comme la «vérité» révélée d'un vrai capitalisme créateur de richesses il ne saurait y avoir qu'un marché de dupe. Le « cercle de la collusion » est alors instauré pour longtemps et c'est la reproduction d'un système bureaucratique d'accaparement d'une rente pétrolière gaspillée ou dilapidée « démocratiquement ».
L'expérience de l'exercice de la démocratie mérite amplement que tous lui accordent une attention particulière. Sans démocratie le social n'est que corporatisme. Sans démocratie, la croissance ne peut être socialement harmonieuse et équilibrée.

V-1)-Quelle est la réalité sociale actuelle?

La question concerne les partis politiques et leurs positions dites de classes. La notion est-elle universelle ou propre aux sociétés occidentales développées ? Est-elle une réalité sociale ou un résultat d'un système électoral (représentation proportionnelle et scrutin majoritaire.) En Algérie comme dans tous les pays arabes les partis dits "de gauche" ou de "droite" n'existent pas en tant que tels ou se cachent-ils sous la notion de "Peuple"? En d'autres termes qui représente les classes sociales les plus démunies ou la classe dite moyenne enfin qui défend les intérêts de la classe capitaliste ? Le clivage de classe n'est pas entre des groupes de partis mais traverse les partis. La classe la plus nombreuse électoralement est celle des chômeurs et des jeunes.
Comment transformer en langage démocratique les soucis et les problèmes de ce groupe humain sans sombrer dans le populisme de gauche ou de droite. C'est là la responsabilité et le défi lancé aux partis lors des élections à l'assemblée nationale du 10 mai 2012. Cela implique de reconnaitre que le socle de ce qui définit la nation ne doit faire l'objet d'aucune utilisation par un parti. Le reste est dans le domaine d'un débat politique national dans le cadre de la reconnaissance du conflit social et du dialogue social

Question 10 Si il y a bien des classes sociales en Algérie comment peuvent elles être appréhendées ?
1- Ceux qui ne possèdent rien ni terre, ni revenu, ni travail, ni savoir, ni formation, ni expérience professionnelle. Nombreux sont chômeurs depuis plus de vingt ans ; ceux qui de plus en plus s'apparentent à un lumpen prolétariat et qui n'ont aucun « réseau de relations ou encore de "kteff"». Ceux pour qui l'Etat était jusqu'ici celui des « démunis et des trois « révolutions » porteuses d'amélioration de leur sort. Elle représente au bas mot 60 à 80% de la population active actuelle soit prés de 2 millions de personnes.
2.-Il convient de tenir compte dans cette population celle des fonctionnaires et agents des entreprises publiques dont l'effectif total est de prés de 1.5 millions de fonctionnaires et plus de 300.000 agents d'entreprises publiques. Cette population a été touchée de plein fouet par le déclassement social.

Question 11- Il y a une classe en formation composée d'une minorité de « capitalistes patriotes » s'efforçant d'investir et de s'enrichir légalement en enrichissant autour d'eux par un emploi et un revenu décent. Cette classe « potentielle » réclame des encouragements dans un environnement où les lenteurs volontaires ou non d'une administration et d'un système bancaire à la recherche de leurs marques. Ce sont prés de 150.000 PME du secteur formel dont l'effectif est de prés de 10 en moyenne par entreprise pour les plus petites allant jusqu'à plus de mille pour les plus grandes.

Question 12. Il y a une nébuleuse de groupes spéculateurs spécialisés dont l'effectif n'est pas connu s'appuyant sur différents trafics que l'Etat pris, jusqu'ici, dans des opérations vitales commence à peine à cerner.

Question 13. Quant à l'informel – autre mot pudique pour ne pas dire travail hors normes salariales, d'hygiène et de sécurité - il ne peut qu'être la preuve d'un capitalisme pur et dur fondé sur « une armée de réserve » faisant pression sur l'Etat afin d'encourager le dumping social et fiscal et de subvention. Ses effectifs varient de 1 à 1.5 selon les enquêtes. L'importance de ces effectifs est telle que l'on ne peut qu'espérer qu'elle n'est qu'une réponse au manque d'opportunités d'emplois.

Question 14. Il y a enfin l'Investissement Direct Etranger, IDE, qui en toute logique capitaliste se «rue» dans le secteur des hydrocarbures des mines et de l'énergie et bénéficie des facilités spéciales. Quels sont les effectifs de ce secteur et surtout quel est le poids de leur comportement social et « des valeurs d'entreprises » qui y sont diffusées cela reste à connaître.

Partie 2 :

Tous les chemins ne mènent pas toujours à Rome

« Gouverner c'est se taire »
Sagesse libanaise

Intermezzo
Les remises en cause
Des politiques auto centrées
En Algérie

Les contraintes démographiques sont telles que la croissance économique est une exigence vitale. Mais cette croissance doit s'effectuer dans le cadre d'une économie internationale qui, nous le verrons, n'est guère propice aux politiques de développement et de croissance.

L'objectif de croissance se trouve donc sans cesse remis en cause tant par le phénomène démographique que par l'environnement extérieur. Le schéma de base de l'économie de l'Algérie, a pu donner quelques espoirs de voir le PIB croître plus vite que la population, ses résultats ont été amendés, dans les années quatre-vingts, selon une démarche ambiguë.

1- Le schéma de base et ses résultats : Le cercle carré des hydrocarbures
Les marges de manœuvre d'un pays en voie de développement et, dès, lors, ses choix économiques sont limités. La croissance économique peut être obtenue, à court terme, par le produit de la commercialisation de ses matières premières et, en l'occurrence, les hydrocarbures. Mais pour qu'elle soit pérenne, il faut investir dans le développement des infrastructures économiques, sociales, et administratives. La valorisation des hydrocarbures devient la condition sine qua non de l'accumulation primitive dans les autres secteurs, car elle est la seule source de recettes extérieures et, par voie de conséquence, de moyens financiers nécessaires aux investissements dans les autres activités économiques. Cette valorisation des hydrocarbures présente l'avantage d'un double effet : de croissance à court terme et de développement à long terme. Ce qui n'est pas le cas des autres secteurs dont les temps de réaction sont plus long. Il est, paradoxalement, plus long de trouver un marché d'exportation pour la conserve ce tomates que pour des produits pétroliers. En raison des technologies et des marché une telle valorisation porte ses fruits rapidement tant au niveau des infrastructures pétrolières que du produit dégagé.

Le facteur temps face à la croissance démographique est déterminant dans les choix économiques. C'est là une évidence que, peut être, de grands économistes ont théorisée, mais dont les prémices sont inscrits dans les textes de base du nationalisme algérien. Pour ceux qui ont connu cette période, les professeurs, Perroux, De Bernis, ou Tiano, ont beaucoup plus décrit, sur le vif, l'expérience algérienne, à ses débuts, qu'ils ne l'ont inspirée.

L'essentiel des instruments juridiques économiques et techniques de cette politique furent mis en place, par le Président Houari Boumédienne, en moins de huit ans. Les principales étapes ont porté sur les nationalisations des ressources minières (8 mai 1966) ; les assurances et les banques (1966/1967) ; la distribution des produits pétroliers (août 1967 et 13 mai 1968) confiant à Sonatrach le monopole de la distribution (août 1968) ; les matériaux de construction, la métallurgie, la chimie, les huileries (20 mai 1968) ; l'ensemble des ressources en gaz et en pétrole (24 février 1971). Les revenus issu des hydrocarbures ont triplé de 1971 à 1972, du seul fait des nationalisations,23donnant ainsi à l'Etat les moyens nécessaires à la conduite de la politique de développement.

La finalité de ces mesures économiques était de sortir de l'économie coloniale, d'engager un processus de développement susceptible de garantir une place à l'Algérie, en tant que nation, dans un ordre économique mondial peu enclin à l'arrivée de nouveaux partenaires.24

Cette logique a animé la politique économique de l'Algérie de 1964, date de création de la société nationale pour les hydrocarbures, jusque dans les années 80. Les réserves prouvées récupérables en pétrole, sont estimées à plus d'un milliard de tonnes. Les réserves de gaz sont supérieures à 3 500 milliards de m3. plus de 20% de ces réserves ont été découvertes, après 1962, grâce à une activité d'exploitation rationnelle des ressources en gaz et en pétrole. En second lieu, cette politique s'est efforcée de maintenir un potentiel de croissance stable des volumes exportés, recherchant leur modulation en fonction des prix de vente et des besoins de financement.

La valorisation de ce secteur a nécessité moins de dix années d'investissement permettant à l'Algérie, en 1980, d'accroître sa production de gaz naturel, de condensât, et de produits raffinés.

Ainsi la réduction de la consommation d'énergie qui a commencé en 1981/83,ayant entraîné une baisse des exportations de pétrole brut de 34% en 1981/82 a été compensée par des exportations de produits raffinés (+64%) et de GNL (+42,2%)3. Dès 1980, la modulation des exportations, en fonction des objectifs de maximisation et de développement, était opérationnelle et donnait, à l'Algérie, un clavier d'intervention bien éloigné d'une économie de rente et d'exportation de matières premières brutes. Ainsi, de 1980 à 1983 la structure des exportations par produits s'est-elle comportée comme suit :

23Le prix du baril de pétrole était de 1,30 $ environ en 1971. les investissements réalisés de 1971 à 1978 le furent avec un prix du baril qui n'atteignait pas 14 $.

24Ces thèmes principaux ont été repris par le système des Nations-unis. Carte des 77 octobre 1967. Sommet des non—alignés Alger 1973. Assemblée Générale des Nations-unies, avril 1974. sommet de l'OPEP 1975. Assemblée Générale de l'ONUDI, Lima 1975. Plan de Lagos OUA 1980.

	1980	1983
Pétrole brut	83,7%	49%
Produits raffinés	9,3%	28,1%
Gaz naturel	7%	22,9%

Source : l'Algérie en quelques chiffres 1986.

En outre, l'ensemble de cette politique de croissance du secteur a été conçu dans un cadre de partenariat avec les pays consommateurs, en particulier pour le gaz naturel liquéfié. En effet, cette industrie, à la technologie de pointe, implique des investissements élevés et une chaîne ininterrompue dans le processus de liquéfaction de transport et de distribution.

Etant donné les risques encourus, les contrats, dans ce domaine, sont de longue durée (20 à 25 ans). L'avantage de ces formules étant de pouvoir planifier des ressources extérieures stables, d'accéder à des technologies modernes à forte valeur ajoutée, et d'intéresser les partenaires au développement économique. Ainsi, en 1982 et 1983, en contrepartie du contrat de livraison de gaz signé le 3 février 1982, pour une quantité de 8 milliards de m3 de GNL, la France a obtenu des commandes algériennes de 1,8 milliards de dollars la première année et de 3 milliards de dollars la deuxième année, récupérant largement l'aide au développement que ce contrat devait couvrir en partie. (25)

Ce type de partenariat se retrouve, aussi, dans le gazoduc trans-méditerranéen reliant l'Algérie à l'Italie sur une longueur de 1484 km. Les commandes d'équipement ont été faites en Italie. Il en sera de même pour le gazoduc trans-maghrébin vers l'Europe.

Cette approche du développement, par la valorisation de la principale source de devises, a permis à l'Algérie d'engager un processus répondant, en priorité, à la contrainte démographique et à celle tendant à limiter les effets de la détérioration des termes de l'échange des matières premières.26   Le processus a donc porté, essentiellement, sur un fort développement du secteur des hydrocarbures et de l'industrie, dans un premier temps de 1970 à 1978, puis à un rééquilibrage en faveur de la consommation et des secteurs sociaux, en 1980. Les choix économiques faits ont tendu vers l'industrialisation et non comme on l'entend trop souvent vers l'industrie lourde. De 1970 à 1985, la part des industries lourdes dans le PIB a oscillé entre 2,6 et 3,9%. Celle des industries légères était de 7,9 à 11,4%. Mais la croissance industrielle de 1970 à 1979 a été supérieure à celle du PIB (11,7% par an contre 6,9%

25L'aide au développement étant la différence entre le prix du marché et le prix contractuel qui était, momentanément, supérieur lors de la passation du contrat.

26Contrairement à l'image trop souvent polémique, diffusée par les multinationales pour justifier même en période de baisse des prix du pétrole leurs superbénéfices, l'Algérie ne se contente pas de vendre à l'étranger un produit de la nature « tombé du ciel », mais elle dépense beaucoup pour vendre un produit industriel. Pour le seul gaz liquéfié, dans les années 70, le coût du programme d'investissement s'est élevé à 17 milliards de $.

).27 Au cours de la même période l'industrie, hors hydrocarbures, a représenté 15% de la création totale d'emploi dans l'économie.28 Deux tiers du volume total des investissements, pendant la même période, ont été absorbés par le secteur industriel. Il convient de noter que les autres secteurs ont eu des taux de réalisation de leurs investissements inférieure aux allocations qui leur étaient consenties. Le déséquilibre vers le secteur industriel semble être imputable, plutôt à la lenteur des réalisations des autres secteurs dans la conduite des programmes planifiés qu'à une allocation de ressources privilégiant l'industrie.

Ces retards, tout particulièrement dans l'hydraulique, ont déterminé, en partie, les insuffisances de la production agricole. Les objectifs de développement, tels qu'ils sont exposés dans les plans successifs de 1967 à 1985, visent, essentiellement, à développer les productions de grandes cultures (blé, orge, légumes secs) et les cultures industrielles.

Le peu de performance de l'agriculture algérienne, au retard de l'accroissement de la population et de l'amélioration des revenus, s'est exprimé par une augmentation des importations de produits alimentaires. Il s'explique, par les retards de tous ordres dans l'exécution des investissements de valorisation des ressources en eau et une utilisation irrationnelle des moyens de production29 et, enfin, par une attitude des hommes envers la terre. Sur le plan de la balance commerciale, en raison de l'amélioration des conditions sociales, du pouvoir d'achat (250 000 emplois crées chaque année de 1970 à 1980), et de la politique de soutien des prix, les retards dans l'agriculture ont conduit à des importations annuelles de 2 milliards de dollars de biens alimentaires.
La production de légumes secs a ainsi décru en 1980, alors que les superficies consacrées à cette culture – 215 000 ha – avaient augmenté. Les superficies allouées aux cultures maraîchères ont doublé entre 1970 et 1980 atteignant 200 000 ha. La production de la pomme de terre est restée en deçà a des besoins tout en étant, paradoxalement, excédentaire par rapport aux capacités de stockage. La plasticulture a permis d'améliorer sensiblement la production des autres légumes. Les productions d'agrumes, de fruits, de viande, de lait, restaient insuffisantes par rapport à la demande solvable.

Ces résultats agricoles, globalement négatifs par rapport aux besoins de la population, ont trouvé leur explication non dans l'insuffisance des moyens, mais dans l'organisation sociale du travail et dans les formes de propriété de la terre dans un

27Sources ministère du plan.

28Bilan de la décennie 1970/1980. en 1980, l'Algérie produisait de la fonte et de l'acier, du ciment, des camions et des tracteurs, des machines-outils, mais aussi des chaussures, du tissu, des meubles, des pâtes alimentaires, des conserves alimentaires etc.

29la consommation d'engrais a quadruplé et la motorisation a triplé.

pays méditerranéen où la nature n'a jamais été généreuse sur le plan agricole. « Le blé et le pain, ce sont les sempiternels tourments de la méditerranée, les personnages décisifs de son histoire. »30 Le schéma primitif de développement, tout en ayant intégré la priorité de ce secteur, n'a pas crû devoir apporter des changements profonds au mode de propriété collective, rendant ainsi moins attrayant et motivant le travail de la terre dans un pays où l'homme depuis plus de cent ans a vécu un déracinement incroyable.31

L'Algérie, qui se donnait des bases de développement à long terme, réunissait les conditions de remise en cause de ce développement par le refus d'accepter une organisation de la propriété autre que collective. Et, lorsque l'occasion se présenta, aucune autorité ne semble avoir voulu en prendre la responsabilité politique.

Cela étant, il convient de tenir compte de certains facteurs dans la balance des couvertures des besoins alimentaires. La production agricole a globalement augmenté en trente ans. Elle s'est diversifiée vers des productions autres que la vigne. La production des cultures maraîchères a augmenté de façon spectaculaire, grâce à la plasticulture et à la culture saharienne, particulièrement pour la tomate. Ce qui est en cause, c'est l'écart par rapport à une demande solvable créée dans une économie qui, pendant trente ans, n'était pas régi par les lois du marché. La consommation n'avait d'autre limite que la croissance démographique, les prix des produits de première nécessité étant largement soutenus. Dans ses conditions, les pénuries sont inévitables, car les prix n'atteignent pas leur niveau d'équilibre.

Une libéralisation dans l'exploitation des terres, notamment par leur privatisation et la mise en œuvre d'une économie de marché, entraînera un accroissement global de la production, probablement une diminution de la facture alimentaire mais, tout aussi probablement, l'équilibre se fera par les prix. Un grand nombre de consommateurs – s'ils ne sont pas totalement exclus du marché – sont, déjà, contraints de réajuster leur consommation. Les pénuries dans ses conditions n'ont plus, enfin, un sens économique !

Tant que l'Algérie limitera l'exploitation de ses potentialités agricoles à son capital de terres dites utiles, c'est-à-dire le Tell et les Hauts Plateaux, elle connaîtra les mêmes contraintes que tous les pays du bassin méditerranéen, aggravées, dans son cas, par la faible productivité et une redistribution des revenus qui, pour l'instant, est moins inégalitaire que chez ses voisins. Une redistribution des revenus identiques ne mettrait-elle pas le Maroc ou la Tunisie dans la même situation de dépendance alimentaire ?

En tout état de cause, quelque soit l'appréciation portée sur l'efficacité de ces investissements, l'argent du pétrole s'est transformé, notamment, en usines, en écoles, en hôpitaux. Que certains jugent ces projets « Pharaoniques », ils ne sauraient

30 Voir Fernand Braudel, La Méditerranée, p. 41, Flammarion collection Champs.

31 Voir IIème Partie.

leur dénier la finalité économique dans laquelle ils se sont inscrits.

Il est difficile d'ignorer les réalisations effectuées en moins d'une décennie. Les principaux secteurs d'activité économique ont connu le « Big push » initial et ont été doté d'outils de réalisation. C'était aussi un système fondé sur des anticipations de revenus réalistes. De 1975 à 1985 les importations sont passées de 5,5 milliards de dollars à 9 milliards de dollars et les exportations de 4,5 à 14 milliards de dollars32, écart suffisant pour envisager non seuleent un endettement mais aussi son remboursement. Les causes des difficultés sont dans la détérioration trop rapide et trop forte des prix du pétrole.

Que ces actions fussent menées par l'Etat peut sembler, à l'heure du libéralisme triomphant, un handicap. Il demeure que, dans le monde des années soixante-dix, l'Algérie n'était pas plus « étatiste » que les pays industrialisés qui n'ont découvert les dénationalisations et les vertus de l'économie de marché postkeynésienne, qu'avec le Président Reagan et Mme Thatcher, c'est-à-dire, dans les années quatre-vingts, après trois décennies de développement fondé sur l'interventionniste.

Ainsi que cela fut souligné en 1978 : « Les résultats, pour inégaux qu'ils soient, sont là : des routes relient entre elles les trente et une wilayas : Alger et Tamanrasset sont unis par la Transsaharienne ; écoles, instituts de technologie, dispensaires, usines ont surgi de terre ; le barrage vert et le reboisement ont prix consistance ; la redistribution des terres, l'électrification, les villages socialistes, ont amélioré le sort des fellahs, la scolarisation massive – fait moins paradoxal qu'il n'y paraît à première vue – a conduit à la fois à une meilleure arabisation et à une progression du français.33

L'ingénierie du système et ses points d'ancrage étaient mis en place. Il importait de savoir si l'on avait les moyens de les faire fonctionner rationnellement ? Cela suppose une volonté politique et une capacité d'anticipation des grands bouleversements dans les relations économiques internationales, ainsi qu'une très grande faculté d'intégration des aspirations et des comportements d'une population influencée par le système ainsi crée.

Ce gigantesque appareil de production avait accéléré un mouvement, déjà fort élevé, vers les villes. Il avait aussi fait émerger une classe ouvrière, une jeunesse scolarisée, qui réclamaient plus d'efficacité économique et de participation démocratique. Double action dont aucune ne pouvait réussir sans l'autre. L'on peut débattre, sans fin, sur la validité et la pertinence du schéma de développement adopté dans les années soixante-dix et sur les raisons internes de déséquilibre. Mais à présent, il demeure acquis que ce système était un tout et qu'il supposait des interventions multiformes y compris sur le plan international. Les analyses politiques sont déterminées par ce noyau dure et tout changement se trouve confronté à ce dilemme et abouti à cette situation pour « que rien ne change tout doit changer »

32Annuaire statistique de l'Algérie.

33Claudine Rulleau, le Monde du 28 décembre 1978.

Chapitre VI

Changement du ou dans le système économique ?

En Algérie, pays dont le colonialisme a voulu ériger en départements de la France sur les plans économique, social, ou politique, il est patent que le changement a commencé il y a prés de cinquante années et que pour une part importante il est dépassé. Il s'agit du système colonial direct. Il y a d'autre part le contexte international et les conséquences de la mondialisation

1 En premier lieu, le changement a été engagé par la lutte de libération nationale. Puis poursuivi par le président Boumédienne par le passage à un ensemble constitutionnel fondé sur un parti unique et un système d'assemblées aux niveaux communales, de l'entreprise (ATE ATU), départementales, nationales après prés de onze années de suspension de la constitution.

2 En second lieu, l'on ne peut ignorer les réformes engagées après le décès de Boumédienne en particulier les tentatives de libéralisation confortée par les manifestations d'octobre 1988. Le débat et la pratique portèrent sur la place de l'Etat dans les aspects de la vie politique. Un activisme désordonné a eu pour principale conséquence le démantèlement de l'appareil de production émergeant et un pseudo appui à un secteur privé dont la principale préoccupation fut l'accaparement du commerce extérieur.

Mais ce secteur privé avait à affronter un dilemme qu'il n'a pu résoudre en raison de sa faiblesse structurelle ; comment se substituer aux missions que l'Etat se proposait d'abandonner ? alors quels intérêts l'état doit-il servir ? Ayant échoué dans une première phase à conquérir les centres de décision stratégiques qui font un Etat ; ces intérêts dont les objectifs étaient essentiellement économiques et commerciaux ont été confrontés, pendant prés de dix ans, à une action politique proche d'une guerre civile. Cette « décennie noire » a vu se renforcer les capacités de résistance d'un appareil sécuritaire, à savoir l'Armée, rescapé miraculeux de l'après Boumédienne malgré les tentatives de remise en cause de son action, donc de son rôle dans la défense nationale.

Quel est l'enjeu central à l'avenir ;

La machine d'état est faite pour quelle classe ? la réponse est par et pour la bourgeoisie lorsqu'elle est constituée et la classe moyenne. Cette classe est en voie de formation. Toute la problématique sociale gravite autour de son influence sur l'Etat. Cela est tout aussi valable lorsqu'on observe le débat sur les institutions électives. En effet depuis 1962 les constitutions ont été taillées pour un homme. Mais derrière l'homme se profile les intérêts de classes qui s'opposent.

La machine d'état qui commence à se former à une logique de vie qui consiste à « formater » ceux qui y entrent et les transformer en serviteurs de cette machine omettant par là le principe ontologique de l'état qui est celui du service de la population. « Serviteur de l'Etat » devient la préoccupation essentielle et favorise l'apparition d'une catégorie sociale (1,6 millions de personnes) qui sert sans s'interroger sur les intérêts qu'elle sert. Ceci est d'autant plus évident que le formatage de cette catégorie de fonctionnaires est assuré dans un grand nombre de pays par une grande école

Les changements ou transformations de la machine d'état se font alors de l'extérieur. C'est à l'occasion de ces changements que l'on peu apprécier les rapports de force entre les classes qui composent une nation et notamment les inflexions qui font consensus ou « disensus ». Ce qui importe c'est de trancher entre les intérêts divergents de la classe bourgeoise. L'état, dans ce cas joue le rôle de pacificateur des rapports entre possédants. C'est la conséquence de la loi de recherche du profit maximum et de celle du marché. Sans l'état la classe possédante serait un conglomérat d'intérêts contradictoires propices à la guerre sociale de chacun contre tous. Tel est sens de l'Etat comme représentant l'intérêt général... de la bourgeoisie qui ne peut garder le pouvoir qu'en le partageant ou en le déléguant partiellement..
Quelle est alors la place ou le rôle de la classe de ceux qui n'ont d'autres ressources que leur force de travail?

Au fil des années et des luttes considérées par la loi comme illégales se sont constituées des organisations représentatives de la société civile. Dans le cas d'un pays anciennement colonisé ces organisations ont été contrôlées par l'état comme courroie de transmission dans le cadre du recouvrement de la souveraineté nationale. Sommes nous actuellement dans la phase d'autonomisation des organisations ou associations de la société civile par rapport à l'Etat. La condition de ce mouvement étant la concentration des organisations sur la distinction de leurs intérêts et donc de leur indépendance de la machine de l'état. Reconnaître l'indépendance de la société civile c'est aussi lui reconnaître le rôle de contre pouvoir institutionnel mais aussi lui donner le droit de lutter pour infléchir l'état vers ses intérêts.

L'on voit ainsi la direction de recherche qui résulte de la reconnaissance de la société civile. Il est nécessaire de poursuivre les efforts réalisés jusqu'ici dans « l'illégalité » sur les fondamentaux de la classe populaire (lois sur les partis, les syndicats, les associations, les coordinations, les sites et réseaux sociaux etc). Il faut comprendre qu'à l'occasion de sa grande crise le grand capital veut rétablir (avec une grande violence- y compris par la guerre-)des taux de profits élevés. La question n'est pas d'aller ou pas dans des institutions mais de savoir ce qui rend utile une intervention, dans la machine de l'état.
Quant aux partis, il est de la plus grande importance qu'ils se définissent par rapport à la classe populaire et comment ils comptent l'aider à s'organiser et influer sur les mouvements du capitalisme. Pour l'instant, leur stratégie est celle de leur accession

au pouvoir sans autres propositions sur l'objectif économique et social du système de l'économie de marché. Le chemin qui monte conduit à la démocratie économique sociale et politique. C'est en posant les problèmes dans la clarté que l'on ouvrira un dialogue ou chacun sera conscient de sa place et de son rôle. La jeunesse et les femmes, chacun selon son registre, ont fait apparaître, de façon profonde, le besoin d'une forme d'expression que le moule actuel ne prend pas suffisamment en compte. En effet, les partis politiques qui sont, pour l'instant, le passage obligé de l'expression politique ont pour principale préoccupation de réunir le maximum d'électeurs autour de leur programme dans le but exclusif d'arriver au pouvoir. C'est la finalité essentielle et existentielle des appareils de partis. Dans ces conditions ils « médiatisent » les préoccupations des citoyens. De cette démarche naissent malentendus et frustrations. Ce qui est le moyen, aux yeux du citoyen, est la fin pour les hommes d'appareil. La revendication sociale est capturée dans les filets de la logique partisane. Demain on rase gratis !

Les catégories sociales persuadées que de ce processus résultera un bon nombre de solutions, ont naturellement tendance à céder aux attraits des politiques partisanes et à minimiser les revendications pratiques.
Toutes les conditions sont alors réunies pour développer et entretenir la contestation, la revendication, et plus largement le malaise social permanent, source de crises ministérielles régulières et fréquentes. Si la satisfaction des revendications relève de l'accession au pouvoir d'un parti, il est évident que la stabilité des institutions est sérieusement menacée.

Les citoyens et les partis doivent comprendre que le jeu électoral n'est pas l'alpha et l'oméga. Le pouvoir n'est pas exclusivement dans les assemblées législatives et le Gouvernement. Il est aussi dans une multitude d'associations, de regroupements d'affinités, de régions, d'intérêts culturels etc. dont le but n'est pas nécessairement la prise du pouvoir, mais la contribution, chacun en ce qui le concerne, à la solution des problèmes qui ont motivé l'émergence de ces regroupements. A l'ère des crises permanentes liées à la mondialisation, il faut savoir trouver les moyens d'expressions les moins mauvais.

En d'autres termes, est aussi politique ce qui ne s'exprime pas à travers des partis et qui, en outre, n'a pas besoin de prendre un quelconque pouvoir au sein d'une assemblée, d'un gouvernement ou d'une autorité. En consacrant le monopole des partis politiques à l'expression des besoins collectifs généraux ou catégoriels, on nourrit les causes d'instabilité et d'exaspération des conflits, dans une perspective partisane.

La sagesse serait de s'appuyer sur un réseau d'associations multiples et diverses regroupant des hommes et des femmes ayant des problèmes spécifiques, permanents ou conjoncturels, pour développer une entraide et une compréhension mutuelle dans un esprit de solidarité et non de conflit. Faute d'une voie d'expression de telles démarches peuvent être « instrumentalisées » entraînant des crises politiques, indice de motivation partisane dont l'objectif de prise du pouvoir implique l'exacerbation des revendications ; le plus sûr moyen de glaner des voix et dérive essentielle quant à la solution des questions pratiques ainsi posées.

Par la vie associative, pour des objectifs concrets, l'on développe un état d'esprit de détachement à l'égard du pouvoir, et l'on relativise les espérances que l'on peut y mettre. La vie quotidienne d'un citoyen ne doit être suspendue ni aux intentions ni aux actes du pouvoir. L'on doit être en mesure d'élire des hommes et des femmes pour gérer un minimum d'affaires qui concernent le maximum de personnes. Encore faut-il que la vie associative soit vraiment indépendante des partis et des gouvernements.

Le politique ne peut être revêtu d'une aura magique et il ne doit pas devenir à nouveau le centre où tout ce qui touche la vie quotidienne du citoyen se décide, mais le point final et d'arrivée des problèmes que les initiatives à la base n'ont pas pu résoudre. C'est bien cela que les Constitutions adoptées depuis 1989 ont consacré.
Dans une telle perspective les administrations, jusqu'à présent, se sont fait un devoir de s'approprier, dans leur propre intérêt, des moyens qui relèvent des structures non gouvernementales, stérilisant les initiatives.

Avant de dénationaliser les entreprises, dans le cadre d'un programme d'ajustement structurel, il eut été plus efficace de débloquer les rouages de décisions confisqués par les administrations et des hommes qui ont fini par croire que ce qu'ils faisaient, plutôt mal, était naturel.

Ces actions ont pour but de redonner aux citoyens par les textes et les faits une dimension politique efficace, c'estàdire des canaux d'expression concret de l'intérêt général et non pas à en être le gestionnaire. Cela signifie que, selon le principe de subsidiarité, tout ce qui ne relève pas de la mission essentielle de faire respecter les différentes lois élaborées par la représentation légale du peuple, n'est pas de la compétence du pouvoir.
Le respect de cette règle entraîne, en outre, une concentration moins grande des conflits sur le centre et leur impact plus grand sur les points périphériques, mieux à même de répondre à des revendications catégorielles.

Ce qu'il faut protéger, quoiqu'il en coûte, c'est le consensus national sur l'équilibre des pouvoirs par la participation des citoyens à la vie politique aux différents niveaux local, régional et national dans un esprit démocratique réel. Les conflits d'intérêts seront très certainement mieux gérés, car le système d'expression n'est plus, alors, totalement focalisé sur la prise du pouvoir central celui-ci n'étant plus le moyen privilégié de règlement des problèmes.

Une telle démarche, est liée au fait que l'administration a eu tendance à s'approprier le droit d'affecter des ressources au profit d'une base électorale conjoncturelle ; Elle explique, en partie, toutes les aventures et surtout les aspirations à satisfaire des besoins catégoriels, qu'ils soient économiques sociaux, culturels ou religieux, par la conquête du pouvoir et son utilisation dans des domaines qui ne sont pas ceux de la nation tout entière.

Pour faire respecter l'Etat il faut le désacraliser, et pour cela, l'amener à se dessaisir de tous les attributs que son administration a confisqué, à son insu dans bien des cas, en vue de lui faire croire qu'il est le centre unique de décision.C'était en vérité l'alibi à toutes les aventures. Un tel « dégraissage» permettrait, ainsi, de concentrer beaucoup mieux les énergies sur la sauvegarde des valeurs nationales communes et sur ses fonctions de médiateur entre tous les membres de la nation.

Le débat démocratique aux ÉtatsUnis ne porte pas sur ce qui sera fait à travers tel ou tel ministère, puisqu'il n'y a pratiquement pas de ministères, mis à part les ministères de souveraineté, mais sur les actions permettant aux citoyens de mieux exercer leurs libertés.

La vie quotidienne du citoyen n'est nullement tributaire de l'accession de telle ou telle personne à la tête d'un ministère. En revanche, il est directement impliqué dans un réseau complexe d'associations, de clubs, et d'activités communautaires, qui font son identité. L'adhésion à un parti politique ne saurait constituer la légitimation de l'action citoyenne.

Mais, pour être crédible cette vie associative, plurielle, doit se refuser à engager des actions qui relèvent de préoccupations liées aux échéances électorales. Il faut en finir avec les faux espoirs qu'on tente d'inculquer aux citoyens de règlement de leur problème par la prise du pouvoir. A ce compte la vie politique devient une insurrection permanente.

Ces quelques repères devraient inciter à la réflexion et pousser à sortir des sentiers battus. En redonnant vie aux formes traditionnelles de consensus et de dialogue, qu'une pratique politique s'est ingéniée à détruire, le système sera plus proche des démocraties modernes que certains voudraient lui en faire douter. Tout ce qui a été décrit, ici, existait déjà mais a été plus ou moins laminé par la période coloniale et la pratique d'un pouvoir parasité par la bureaucratie et qui a tourné le dos à ses origines ; n'est on pas allé jusqu'à étatiser les clubs sportifs en 1969 ?

L'on a occulté le fait que les crises, depuis 1962, sont l'expression de l'accaparement du pouvoir et de la société par une logique bureaucratique, héritage inconscient d'un certain jacobinisme par contagion, au détriment des citoyens qui ont fini par ne plus se reconnaître dans la pratique de l'autorité et du pouvoir par leurs élites.
Ils attendent des nouvelles élites, qu'elles soient seulement un nouveau pouvoir qui reconnaisse leur mode d'expression traditionnel, qui est tout autant, dans la presse et la radio, la télévision ou les partis politiques, que dans les différentes formes de

participation à la vie collective que sont les groupements sociaux et la vie associative libre.

La modernité n'est pas dans la conformité servile à un modèle, qui encore une fois est pratiquement obsolète dans les pays riches, mais dans l'efficacité des moyens mis en oeuvre pour faire en sorte que les rouages de la société soit impliqués dans la gestion du pouvoir et de l'État.

Rapprocher le processus législatif des citoyens c'est, par définition, l'objet de la démocratie. Il faut comprendre que les formes en la matière ne se limitent pas au système électoral. Elles peuvent aussi prendre appui sur des consultations qui ménagent la participation de toutes les structures communautaires ou associatives, sans exclusive. Ceci signifie que la consultation ne peut se restreindre aux seules associations dites « démocratiques », qui très souvent sont des partis politiques clandestins, mais doit s'ouvrir aussi aux formes traditionnelles d'autorité et redonner à la famille, comme cellule de base, une fonction sociale trop longtemps négligée. C'est la condition principale à l'échec de toute tentative de bouleversement des fondements consensuels de la nation. La participation du citoyen ne saurait être réduite au bulletin de vote, ni aux partis politiques, ni à une délégation pour une période. Elle est dans une consultation permanente des citoyens et de tous ceux qui, à un titre ou à un autre, exercent, pour eux, une parcelle de pouvoir. La démocratie ne signifie pas le droit d'exercer l'autorité mais celui d'accéder à des fonctions d'intérêt général, pour servir et non se servir. Car, en effet, il s'agit de procéder à une véritable restauration de l'État.

Chapitre VII

Quand l'économie devient « apolitique » : le néo libéralisme

L'expérience de ces 20 dernières années me conduit à m'inquiéter sur les conséquences politiques et sociales de cette nouvelle idéologie qui, au nom de prétendus principes scientifiques et qui se veulent universels, n'accepte le pluralisme que comme annexe d'une pensée unique « scientifique ». Comme on ne peut pas aller à l'encontre d'une loi scientifique il en découle que les sociétés et les pays n'ont plus d'autre choix que de se fondre dans un même modèle économique et social !
La mondialisation est ainsi la globalisation ou l'uniformisation par la convergence. Ce que la colonisation a rêvé les multinationales et l'économie de marché le font. En abordant, bien que sous forme incidente la question de la nouvelle économie du travail, me conduit à revendiquer le droit à la spécificité de chaque société à la sauvegarde de son modèle social et dans la recherche de formes de solidarité dans le cadre de l'économie de marché.

Au nom de l'efficacité et de la compétitivité, le néo-libéralisme tente (en vain ?) de remettre en cause ce droit. Ce que je voudrais dire très brièvement, c'est que les arguments qu'on oppose à ceux qui manifestent lors des sommets de l'OMC de l'UE et qui revendiquent l'exigence de finalités sociales, sont fondés sur des lieux communs et non sur une science et que de tout temps le marché a toujours démenti les prévisions des experts. Erreur permanente de prévisions, « science » fondée sur des lieux communs pour faire accepter un modèle socio-économique unique, sont autant de raisons d'encourager les efforts pour sauvegarder le droit de choisir les formes de la solidarité nationale en économie de marché et plus que jamais les droits de l'homme. Car l'économie néo-libérale est l'art de l'erreur permanente de prévisions.

Aussi, méfions-nous des économistes et de leur prétendue science dés qu'ils se mêlent de trancher entre le souhaitable et le possible. Ils seraient socialement plus utiles qu'ils nous disent comment rendre possible le souhaitable. Les décisions qu'ils encouragent se fondent sur leur prévision des évolutions futures. En vérité leur seule spécialité est d'annoncer des événements passés ! En définitive ils se trompent et avec eux ceux qui les écoutent parce qu'ils ont toujours ignoré ce principe «l'avenir vient de loin ».

Ainsi que le notait un économiste français avec humour la principale difficulté de la prévision c'est l'absence d'information sur le présent. Savez vous que la masse monétaire des Etats Unis n'est connue qu'avec une approximation de 20%. Que penser alors des modèles économétriques qui servent à la Banque Mondiale et au FMI à calculer le rétablissement des grands équilibres et les taux de croissance dans des pays en développement où la plupart des grandeurs statistiques varient avec un degré d'approximation de 10 à 20 points et parfois plus ! . Et l'on trouve normal que les prévisions de croissance ne se vérifient presque jamais dans un sens ou dans un autre. Exemple ; la crise asiatique de 1998. Trois mois avant ces institutions donnaient ces pays en modèle de croissance. Quelques mois plus tard et 150 mds de $ de subvention et 2.000 mds de capitaux envolés 30 millions de chômeurs en plus, les gardiens du temple de l'orthodoxie libérale annonçaient qu'ils s'étaient tout simplement trompés.

Le néo-libéralisme veut ériger des théories fondées sur des lieux communs en lois scientifiques. En outre, les experts qui se trompent dans leurs prévisions changent allègrement de théories. La dernière étant toujours la meilleure. Mais leur choix est limité à trois théories vieilles d'un siècle et qu'ils mettent au goût du jour en les faisant précéder du mot néo.
Il fut politiquement correct d'être pour l'intervention de l'Etat de 1945 à 1973, puis socialiste ou libéral adepte d'une nouvelle société jusqu'en 1983 date à laquelle la reaganomie et le tatchérisme ont imposé le libéralisme pur et dur à la Friedman le père du néo-monétarisme et des réformes économiques du Chili de Pinochet . La fin de chacune de ces théories est consacrée par une crise qu'elle n'attendait pas et la réapparition de celle qu'elle était censée remplacer pour cause de désuétude.
Le mur de Berlin a fait un sort à une certaine pratique de la pensée économique socialiste qui comme dans la série Mission impossible s'est auto-détruite en s'épuisant à déchiffrer le message laissé par Marx sur la valeur travail Pour la pensée libérale son destin est différent. Elle balance autour d'un axe classique entre Keynes et les néoclassiques. Le best seller des livres vendus par la Banque mondiale dans les années soixante était un manuel de planification du développement. Les projets auxquelles elle contribuait en Afrique étaient ceux des cellules du plan.

La crise de 1929 avait sonné la fin de l'école classique libérale remplacée depuis 1940 jusqu'en 1973 par les politiques keynésiennes. Et voilà que renaissent les idées libérales qui ont conduit à la crise de 29. Il faut leur reconnaître une chose c'est, cette fois ci, elles provoquent des crises dépassant celles de 1929 à un rythme quasi décennal. Ce qui a changé avec ce retour dans le futur c'est que certains économistes se sont reconvertis à l'art d'être politiquement correcte. Et l'on enseigne alors aux peuples et au gouvernement la pensée unique celle des lois universelles du marché. Depuis longtemps le marché est l'histoire qu'on raconte aux enfants pour ne pas les effrayer avec le loup de l'hypercapitalisme qui a depuis avalé et digéré le marché dit de concurrence par fusion et acquisition pour en faire sa propriété mondiale.

La liste de ces lieux communs est longue. J'en citerais deux ou trois en commençant par celui qui fonde le marché lui même. « La loi » des débouchés, assurerait l'équilibre de plein emploi naturel. Le seul problème est que le système réel n'est jamais bouclé et que les revenus sont inégalement distribués. L'économie c'est le fonctionnement cyclique et les crises de production et de surproduction. Personne ne s'offusque de cette erreur.

Même rengaine pour la commerce extérieur qui devait aboutir à la production dans chaque pays des produits pour lesquels il est soit le meilleur soit le moins mauvais. En théorie les échanges internationaux devraient être entre pays à structures de production différentes : Le Mali avec ses arachides et la Suède avec ses téléphones portable. Dans la réalité 86% du commerce mondial est le fait de 20% des pays les plus riches.

Et c'est au nom de ces principes de libre échange dans l'avantage comparatif que se fonde la croyance dans les bienfaits de l'ouverture par la compétition des échanges pour stimuler la croissance et que furent passés les accords de Marrakech et l'OMC. Comment profiter d'échanges qui se font au sein d'un club restreint ? Comme tous les clubs il faut payer et accepter les règles du club ! Si voulez exporter il faut avoir une infrastructure identique à celle du club. Pour avoir cette infrastructure il faut ouvrir votre économie et exporter. C'est le cercle carré.

Que dire des politique économiques fondées sur la demande et surfant entre chômage et inflation jusqu'au jour où fut inventé la stagflation ou comme le dit avec esprit un économiste non anglo saxon le moteur qui chauffe à l'arrêt ! La réponse est dans le néo libéralisme qui se présente alors sous forme de véritables mots d'ordre : la lutte contre l'inflation et non contre le chômage. L'inflation est un problème monétaire. Le marché est le garant des équilibres. Tous les facteurs de rigidité doivent être éliminés pour rétablir la flexibilité des prix sur les différents marchés. Les deux principaux facteurs de rigidité étant l'Etat et le travail. La mondialisation sera la chance donnée aux meilleurs.

Désormais les pays sont en lutte chez eux ,entre eux et contre le monde. Comme tout système économique est tiré par un modèle dominant celui vers lequel doit tendre la mondialisation sans pouvoir le remplacer est connu.

Le modèle étant celui des Etats Unis, démocratie libéralisme économique, dérégulation, technologie des communications biotechnologie, une monnaie acceptée partout car elle est la contrepartie d'un fort courant d'importation, fort taux de croissance, une productivité permettant la maîtrise de l'inflation, un faible taux de chômage. Mais aussi des millions de personnes travaillant et vivant en dessous du seuil de pauvreté, la généralisation de l'emploi temporaire, un américain de 15 ans sur quatre est illettré, un taux de mortalité infantile le plus élevé de l'occident une population carcérale de plus de 2% de la population en âge de travailler prés de 12.000 morts par balles et par an. En 20 ans 1% des américains les plus riches ont augmenté de 157% leur revenus. 17 % des 82 plus grandes entreprises sont totalement exonérées. Sept entreprises dont GM grâce aux techniques fiscales ont des créances sur l'Etat de plusieurs millions. Selon certaines statistiques officielles et Forbes les déductions d'impôts s'élèveraient à 10 milliards de $ par an. En revanche, les contrôles fiscaux ont doublé pour les revenus inférieurs à 25.000$. ils diminuent de 25% pour ceux supérieurs à 100.000 $ an. concrètement cela veut dire une baisse de 26 % sur l'imposition du capital et une hausse de 13% des autres impôts sur le tout venant des citoyens. L'impôt sur le capital était de 27% des recettes fiscales il est tombé en 50 ans à moins de 10 %. Qui comble la différence ? c'est le deuxième boulot que font tous les américains.

La crise des entreprises c'est par rapport à quoi ?. En faisant 73 % de bénéfices en 2000 et 73 % en moins en 2001 la GM engrange tout de même 800 millions de $ en 2001. en 1919 800 constructeurs d'automobiles en 1929 il n'étaient plus que 40. en 1950 cinq et en 1999 2.5. Cela s'appelle le capitalisme.

Le rêve américain laisse... rêveur et porte certains à dire que lorsqu'on est un pays en développement le libéralisme et la mondialisation sont le plus court chemin pour la majorité de la population à s'appauvrir si elle ne l'est pas déjà. C'est en cela que l'économie politique en s'érigeant en science sombre alors dans l'idéologie car elle cherche à occulter les phénomènes de domination des pays riches et à réduire la coopération internationale à la protection des mécanismes de marché.

Chapitre VIII

Milton Friedman et l'inflation

Ou Le magicien d'oz

Mes différentes lectures concernant les pays en développement m'ont conduit, tout naturellement, à m'interroger sur les trois questions suivantes l'inflation, le chômage et les inégalités. Loin de moi l'idée de donner toutes les réponses mais j'ai cru bon de réunir ici une synthèse des idées émises par des experts. J'ai privilégié les idées qui se préoccupent de la finalité sociale des politiques qui sont présentées comme vérité scientifique

"Sous l'influence des idées de Milton Friedman, relayé par les institutions internationales, de façon générale, l'Etat s'est vu retirer un pouvoir régalien celui du contrôle de la masse monétaire et de l'émission de monnaie. Il s'agit là d'une forme avancée de retrait des pouvoirs de contrôle par les gouvernements au profit soit d'une banque centrale(par ex, Banque d'Algérie) soit au profit d'une institution supranationale(BCE) pour le mettre dans des mains « plus sûres »... pour eux. Il est temps de faire des bilans sur le libéralisme monétaire et ses conséquences sur l'économie des pays émergents. Quelques remarques permettront d'apprécier le bilan de cette politique, au regard de trois objectifs l'inflation, le chômage et enfin les inégalités.

1. La magie du mot ; Ou comment mesure-t-on l'inflation ?

La feuille de route pour les institutions indépendantes du pouvoir politique repose sur deux principes :
1 la "lutte contre l'inflation" et par conséquent la "stabilité des prix"
2 Le contrôle strict de la quantité d'argent que la Banque Centrale va mettre en circulation dans l'économie.
Ce qui suppose que les gouvernants sont trop sensibles aux grognements de leurs peuples et que ce grognement peut s'exprimer à chaque réélection!
Voyons donc successivement ces deux points :

i) Si l'inflation se définit normalement comme une hausse durable du niveau général de tous les prix, les chiffres d'inflation communiqués en général, correspondent (ex par l'organe chargé de l'information statistique)en fait à la "hausse des prix à la consommation". Sont exclus des calculs les prix de ce l'on appelle, "l'investissement".

Pourquoi cette exclusion ?

Un bien de consommation, par définition, perd de sa valeur avec le temps un investissement est supposé correspondre à l'inverse. Mais pourquoi cela? Ceux qui vont investir seront, dans un tel système, plus riches que ceux qui ne font que consommer! C'est ce qui est sous entendu par une telle approche.
Pourquoi les prix de l'immobilier flambent et que l'inflation officielle ne dépasse pas les fameux 2 %? C'est bien simple. Le prix d'achat des logements (neufs ou anciens) n'est pas pris en compte dans l'inflation!
Normal, répondent les économistes, on considère que c'est de l'investissement! Or si 70% des citoyens sont "propriétaires" de leur logement (en vrai, ils sont souvent les locataires de leur banquier ou de l'organisme qui leur a prêté l'argent!).

Aussi, la part "Logement, eau, gaz, électricité" est réduite à la portion congrue dans le calcul de cette pseudo inflation. Le site de l'organe chargé de la statistique de votre pays, et vous verrez la réponse.
Vous serez amené à ne pas tirer de conclusions trop définitives quant à l'ampleur de votre dernière augmentation de salaire!

Un article publié à l'origine dans The Economist s'intitulait sobrement "La mesure de l'inflation reste controversée". Controversée est le moins que l'on puisse dire! On y apprenait qu'une étude avait été réalisée aux Etats-Unis par un économiste de la banque HSBC. En affectant à l'immobilier une pondération de 30% de l'indice global des prix à la consommation l'inflation passait à plus de 5,5% par an, soit plus de... deux fois le niveau d'inflation officiel à destination du public.

Et si l'on y intégrait, en outre, le prix de tous les actifs financiers, en particulier celui des actions et des produits de la sphère financière... ?

Car cette interprétation restrictive de l'Inflation, qui exclut tout ce qui est investissements (ou supposés tels), n'est pas sans conséquences, dans une période où la sphère financière est devenue dominante. C'est feindre d'ignorer l'évolution du capitalisme financier actuel...

L'idée d'établir un tel indice des prix supposerait implicitement de la part d'une Banque Centrale (réellement indépendante, y compris des marchés financiers et des milieux "investisseurs") que la hausse des prix de ces actifs, en créant de l'inflation, pourrait être "préjudiciable". Or, cette inflation là ne semble pas trop déranger certains, même ceux qui s'auto-proclament indépendants des marchés financiers. Mais le sont-ils vraiment, culturellement et personnellement?[1]

« L'indépendance » des cabinets d'audits financiers n'a pas résisté longtemps aux intérêts croisés, entre autres dans l'affaire ENRON. Et des « triples A »..

L'immobilier s'enflamme, ce n'est pas de l'inflation! Enfin, pas de la mauvaise, et pour cause: celle là crée de la rente! La mauvaise, c'est celle que voit le bas peuple, qui le fait grogner et réclamer des hausses de salaires pour maintenir son pouvoir d'achat. Celle-là est mauvaise, on vous le confirme chiffres à l'appui. Si vous agréez cette explication vous pouvez poursuivre votre lecture car on va à présent se poser la question centrale.

2) Le contrôle de la masse monétaire ; Ou à qui va l'argent ? C'est là qu'intervient le Magicien ou plutôt le prestidigitateur

Le second précepte de Milton Friedman est de faire croître la masse monétaire d'une valeur constante et prévisible, égale à l'inflation visée additionnée de la croissance visée. Ainsi fut défini l'objectif de faire croître cette masse monétaire (appelée M3) d'environ 4,5% par an (soit 2% d'inflation + 2% de croissance + 0,5% terme correctif).

Or que révèlent les statistiques quant au respect de ce fondamental par les autorités indépendantes centrales : « en 2005, la masse monétaire a grossi en Europe de près de 8%. Depuis son lancement, jamais une année, la BCE n'a tenu son objectif de 4,5%! Par rapport à la progression théorique visée en 1998, ce sont environ 20% d'euros "en trop" qui ont été créés et mis en circulation, soit près de 1000 milliards d'euros sur une masse monétaire totale d'environ 6000 milliards. »[2]

Si de tous temps et en tous lieux, l'inflation est dû à trop de monnaie, alors de deux choses l'une: soit l'Europe a eu une croissance plus forte que les 2% prévus, soit elle a eu une terrible inflation au delà des 2% visés...En moyenne l'Europe a connu 2% de croissance environ, et une "inflation" inférieure à 2%. Il y a en tous cas une trappe.

La planète (car il n'y a pas que l'Europe, ce fut la même histoire aux Etats-Unis, et dans le monde entier) croulerait sous l'excès de liquidités... c'est-à-dire d'argent! Au point ne plus savoir qu'en faire! Au niveau mondial, la base monétaire (c'est-à-dire la monnaie émise par les Banques Centrales) augmente à un rythme de... 20% par an! De l'argent, y'en a, et même y'en a trop, à tel point qu'il ne sait même plus où s'investir, bien que son terrain de jeu soit mondial désormais, par la libre circulation des capitaux.

Au point que certains spécialistes commencent à s'en émouvoir et à tirer la sonnette d'alarme, et parlent même de "capitalisme sans projet", car les bénéfices des grands groupes s'accumulent et ne s'investissent plus... si ce n'est pour racheter pour des sommes considérables leurs propres actions pour maintenir artificiellement la rentabilité du dividende pour l'actionnaire.

Et voila une excellente introduction à l'investissement direct étranger pour le développement et une réponse aux « grands groupes qui ne savent plus quoi faire de leurs montagnes d'argent accumulées! » Et si « Le capitalisme est en train de s'autodétruire », cette situation est largement dûe aux Banques centrales, dont la « complicité, » pour reprendre le terme employé par l'auteur, M. ARTUS, est patente.

Elles ont favorisé la création d'argent facile à l'origine des bulles boursières et immobilières.

Depuis 10 ans, l'homologue américaine de la BCE, la Fed, a contribué à doubler la quantité de dollars en circulation dans le monde (soit une hausse moyenne de... 8% par an (!). Comme le mécanisme n'est pas prêt de s'arrêter, la Fed a trouvé un moyen radical pour qu'on ne vienne plus la titiller sur ce sujet un peu paradoxal: A partir du 23 Mars 2006, elle n'a plus publié les chiffres de la masse monétaire M3!
Décision surprenante, si ce n'est le fait de ne plus montrer ce qui fait tâche: l'augmentation incroyable de la quantité de monnaie créée ces dernières années. Pour information, un petit peu gênée aux entournures sans doute, la BCE avait elle annoncé en 2003 que l'objectif de maîtrise de M3 ne serait plus considéré comme un des piliers de la politique monétaire européenne! Seule reste donc la maîtrise du hochet pour les foules: la fameuse et soi-disant "inflation" (en fait expurgée de ce qui fait tâche la encore: le prix des actifs financiers et immobiliers comme expliqué ci-dessus).

Car à qui profite cet argent tout frais? A ceux qui bénéficient des bulles spéculatives ainsi générées: immobilier et actifs financiers. Et nullement le primo-accédant à la propriété ou le salarié. Ce nouvel argent est créé à partir de rien, par des crédits accordés à certains, rentre (pas toujours) dans l'économie par certaines portes bien précises. C'est bien sûr le rôle des organismes prêteurs (banques par exemple) de faire le tri.
En revanche, toute l'ingéniérie financière, développée ces dernières années au bénéfice d'une minorité d'investisseurs, se fonde sur un crédit peu cher permettant de spéculer sur les marchés financiers mondiaux d'une manière que le quidam à bien du mal à imaginer. Des affaires récentes dans les pays en développement confirment que cette population là, « costard-cravate », est bien sûr la bienvenue au banquet du crédit facile. Il faut y voir là de manière évidente le dernier avatar, en date, de la concentration historique des richesses dont l'ampleur ne fait que s'accentuer. Miracle apparent de la finance moderne: plus vous empruntez d'argent, plus vous devenez riche!... la magie est dans le système monétaire, surtout."
----
[1] Voir les analyses de P Bourdieu
[2] (tiré d'un document BNP Paribas Resarch): l'écart par rapport à l'objectif est appelé money gap).

Chapitre IX

Un nouveau partenaire est venu perturber les enjeux et le jeu : l'Asie

Je souhaite mettre à la disposition des lecteurs qui désirent réfléchir, cet extrait d'une interview de Michel Aglietta sur ce que l'on pourrait appeler l'impact de l'Asie sur le capitalisme. Cela me parait une importante contribution à l'analyse économique dans cette phase de développement dans laquelle ce système est devenu le modèle unique. L'on peut se demander si au final le capitalisme d'état ou mieux encore le capitalisme monopoliste d'Etat n'est pas, dans les pays émergents le système socio économique de transition vers un libéralisme politique. C'est une réflexion qui s'impose lorsque l'on constate l'évolution des pays comme la Chine, la Corée du sud et l'Inde

"C'est l'Asie qui a changé le capitalisme ? »

Il faut bien mesurer l'ampleur fantastique des changements de l'économie globalisée et l'étroite interdépendance de ses composantes. Le tournant a été pris après la crise asiatique de 1997. Après la chute du mur de Berlin en 1989, l'idée d'un capitalisme dominé par l'Occident prévalait. La mondialisation était vue comme une projection du capitalisme occidental. Les pays développés exportaient leurs capitaux dans les économies émergentes et les sommaient de s'ouvrir, de se libéraliser et de mener des politiques conformes aux intérêts des investisseurs : rigueur budgétaire et lutte contre l'inflation. Le libéralisme était le modèle unique, il s'imposait sous le nom du "consensus de Washington".

Endettés en dollars, les pays d'Asie ont pris conscience à ce moment-là que leur développement restait entièrement dépendant des pays développés. Ils ont réorienté leurs politiques du tout au tout. Pour ne plus être importateurs de capitaux, ils axent leurs économies sur l'exportation et, pour assurer leur compétitivité, déprécient leurs monnaies. Ces pays mettent un coup de frein à la demande interne et deviennent excédentaires. Ils remboursent leurs dettes et gagnent leur indépendance face au FMI et à ses exigences. Ils entraînent deux conséquences à l'échelle mondiale : une inversion des mouvements de capitaux et une pression immense sur les prix des produits et sur les salaires.

L'Asie s'est affirmée sur un modèle différent du modèle américain ?

Cette autonomie politique gagnée s'observe aussi sur le coeur même du capitalisme : l'entreprise. Le modèle anglo-saxon se diffuse en Europe continentale. La France abandonne les "noyaux durs" d'actionnaires stables et l'Allemagne rompt le lien entre la banque et l'industrie ; aujourd'hui, le CAC 40 est détenu à majorité par des capitaux étrangers. En Asie, à l'inverse, un capitalisme d'Etat, à l'asiatique, se renforce. Le Japon avait montré la voie d'une économie tournée vers l'exportation ? Oui et non. Le rattrapage japonais s'est fait sur le marché intérieur. Les exportations se sont diversifiées au terme de processus de remontée des filières de production. La Chine est le pivot d'une intégration asiatique. C'est l'atelier industriel du monde qui reçoit les matières premières d'Australie, les biens d'équipement de Corée, de Taïwan et du Japon et les services financiers de Hongkong et de Singapour. Dix ans après ses crises, l'Asie est devenue un pôle incontournable du capitalisme globalisé.

Et que devient l'Europe ?

Le monde est polarisé par la relation entre les Etats-Unis et le groupe des pays émergents, dont la Chine. Cette relation est faite de collusion tacite et de rivalité latente à cause de l'inversion des mouvements de capitaux et de la dette américaine. Le besoin d'un rééquilibrage ordonné se fera sentir tôt ou tard : aux Etats-Unis, un relèvement du taux d'épargne et, en Asie, un réajustement des taux de change et un accroissement des demandes internes. L'Europe, faute d'une politique monétaire extérieure, sera très handicapée si le rééquilibrage se traduit par la seule pression sur l'euro, déjà surévalué. C'est aux monnaies asiatiques de s'apprécier. Ensuite, en Europe, l'erreur est de séparer les politiques macro des politiques micro. Il est urgent de les connecter pour définir des dynamismes industriels et soutenir les innovations par des politiques de croissance. " "extrait de tradebourse"

Michel Aglietta
Professeur d'économie à l'université de Nanterre et conseiller scientifique au Centre d'études prospectives et d'informations internationales
Extrait de http://tradebourse.over-blog.com/article-7092545.h

Chapitre X

La dette : de son origine, de son importance et des tentatives de responsabilisation dans les pays développés

Quelle est l'origine de la dette publique dans les pays dits riches? L'on ressasse sans arrêt que celle ci était due à une mauvaise gouvernance des états qui vivaient au dessus de leurs moyens. Et de ce syllogisme l'on déduit qu'il faut "dégraisser le mammouth" avec des nuances selon l'importance de la dette. Pour le secteur privé, les mesures portent sur l'allégement des charges sociales avec un fil conducteur qui est celui du déremboursement de la majorité des produits pharmaceutiques et de la remise en cause du régime des retraites. Et tout cela au profit d'un secteur privé d'assurance.

Le secteur public fait l'objet d'une remise en cause totale aussi bien sur celui des effectifs et que la baisse du pouvoir d'achat par le blocage des salaires réels, consacrant le désengagement directe de l'Etat dans tous les domaines de la vie économique. Et ce au nom de la vérité et de la justice sociale !

1.Ce raisonnement ignore que la majorité des concernés par ces mesures sont les salariés et qu'ils contribuent par leurs cotisations sociales à prés de quarante pour cent du budget de la sécurité sociale selon les pays.

2.Ces mesures visent à faire supporter par cette même majorité la responsabilité du chômage et par voie de conséquence celle de l'accroissement des budgets d'indemnisation de licenciement et des actions budgétaires de l'état en faveur de l'emploi.

3. La dette publique n'est finalement plus que le prétexte pour la remise en cause des acquis sociaux au profit d'une minorité sociale à travers le monde et je ne veux pour preuve que le relais demandé à la contribution privée donc l'augmentation des cotisations sociales financées par les travailleurs qui le pourront.

4. Jusqu'où l'on poussera la contradiction entre classes sociales et jusqu'où seront ignorés les pertes d'emplois conséquence des délocalisations et de la mondialisation qui par l'application de la loi du profit et de la spéculation d'un capitalisme financier représente prés de 10% de la population en âge de travailler

Chapitre XI

La dette dans les pays du Sud

Quels sont donc les facteurs déterminant de la situation actuelle et qui conduisent à déstructurer les économies et la vie sociale des pays qui en sont les victimes, bafouant les plus élémentaires droits de l'Homme ? La dette et les plans d'ajustement structurel qui en ont été la conséquence, sont les caractéristiques actuelles de la situation. Nous verrons que l'objectif d'une annulation totale et inconditionnelle de la dette, semble de plus en plus s'effacer, tandis que les question d'immigration passent au premier plan contestant ainsi la liberté de chacun de circulation et de s'installer à l'endroit de son choix.

1.Qu'est-ce que la dette, La dette est un outil pour imposer une même logique économique et financière qui crée et développe une extrême pauvreté des régions entières qui possèdent pourtant d'énormes richesses. Elle reflète des choix géopolitiques ou géostratégiques des pays riches afin de subordonner les pays pauvres à l'idéologie dominante.

La dette totale de l'ensemble des pays en voie de développement est de 2800M$, pour 85% de la population mondiale, c'est à dire 5 milliards d'individus. Toutefois il nous faut relativiser ce montant en tenant compte du montant de la dette des USA qui est 36 000 Milliards $ pour 300 millions d'individus, et la dette totale mondiale est de 60 000 milliards de dollars. On voit donc que la dette des pays en voie de développement est une somme dérisoire en matière de finance mondiale et pourtant au nom du remboursement de la dette les institutions financières internationales ont contribué de façon indirecte à la détérioration sanitaire des pays concernés :. Selon le PNUD, 30000 enfants meurent chaque jour de causes qui auraient pu être évitées s'ils avaient eu accès aux soins.

2 .quel est le rôle des institutions financières internationales et des Etats du Nord ?
Les pays du Sud se sont endettés dans les années 60 et 70 sous la pression de 3 acteurs : les banques, les institutions financières internationales et les Etats du Nord. Chacun d'eux avait intérêt à ce qu'ils s'endettent.
Dans les années 60, les banques occidentales regorgent d'eurodollars issus du plan Marshall, pour lesquels elles recherchent des débouchés : les Pays du Sud sont justement à la recherche de fonds pour financer leur développement, notamment les pays d'Afrique qui viennent d'acquérir leur indépendance et les pays d'Amérique latine. Au moment du choc pétrolier de 1973, dont on pensait être du aux pays producteurs, ceux-ci placeront leurs dollars dans les banques occidentales qui prêteront aussi ces pétrodollars aux pays du Sud.
Ces prêts des banques privées aux pays du Sud constituent la part privée de la dette. Au même moment, le choc pétrolier provoque une période de récession dans les pays

du Nord. Le chômage et la baisse du pouvoir d'achat font que les marchandises produites au Nord ont du mal à trouver des acheteurs. Les pays riches décident alors de prêter aux pays du Sud afin de trouver des débouchés à leurs marchandises. C'est le plus souvent une aide liée : un pays du Nord prête à un pays du Sud qui en échange lui achète ses marchandises. C'est la part bilatérale de la dette, dette d'Etat à Etat.

Enfin, le troisième acteur de la dette est la Banque Mondiale. Fondée en 1944, elle passe en 1968 sous la présidence de Robert McNamara. Celui-ci va utiliser la Banque Mondiale pour contrecarrer l'influence soviétique et les tentatives nationalistes que l'on voit naître dans certains pays nouvellement indépendants. De 1968 à 1973, la Banque mondiale va accorder davantage de prêts que pendant toute la période 1945-1968. Ces prêts sont accordés pour soutenir les alliés stratégiques des Etats Unis (Mobutu au Zaïre, Suharto en Indonésie, les dictatures au Brésil puis en Argentine et au Chili), ou pour soumettre les pays qui tenteraient d'obtenir leur indépendance économique (Nasser en Egypte, Sukarno en Indonésie...). Ils constituent la part multilatérale de la dette.

Au tournant des années 80, les règles du jeu vont changer et précipiter les pays du Sud dans la crise de la dette. Fin 1979, Paul Volcker, le directeur de la Réserve Fédérale américaine, décide une forte augmentation des taux d'intérêt américains afin de relancer la machine économique américaine en attirant les capitaux. Les pays du Sud avaient emprunté à des taux faibles, mais indexés aux taux américains, et voient brusquement leurs taux d'intérêt passer de 4-5% dans les années 70 à 16-18%. A la même période, les cours des matières premières s'effondrent. Afin de rembourser les prêts, les pays du Sud doivent se procurer des devises par leurs exportations. Ils produisent de plus en plus pour exporter plus : café, cacao, coton, sucre, minerais, etc... arrivent en masse sur le marché mondial, en même temps que la récession au Nord diminue la demande provoquant une baisse des cours. La hausse des taux d'intérêt décrétée unilatéralement au nord et l'effondrement des cours des matières premières, ont précipité les pays endettés dans la crise de la dette.

Dès 1982, 14 pays se déclarent en cessation de paiement, c'est à dire incapables à la fois de gérer leur quotidien et de rembourser leur dette.

A ce moment les 7 pays les plus riches de la planète mandatent le Fond monétaire international, institution financière issue des accords de Bretton Woods comme la Banque mondiale, pour qu'il mette en place les moyens pour assurer les remboursements : ce sont les fameux Plans d'ajustement structurel. Il est important de noter qu'au sein des institutions financières internationales, les 9 pays les plus riches ont 50% des voix (dont plus de 15% pour les USA, ce qui leur octroie une minorité de blocage) tandis que les 45 pays africains se partagent à eux tous environ 5% des voix ! Les Etats du Nord sont donc bien les vrais décideurs au sein des institutions financières internationales.

La dette a été le prétexte pour imposer aux pays du Sud les plans d'ajustement structurel qui ont semé misère et pauvreté et ont déstructuré toute organisation collective et sociale, au profit d'une bourgeoisie locale compradore dont parlait Fanon

Chapitre XII

La course aux exportations au détriment de l'emploi national

Pour supporter les coûts de la crise, la zone euro mise depuis peu sur l'export à tout va, comprime les salaires d'un bout à l'autre de l'Union, et tente de séduire des clients à l'étranger. Or, c'est précisément ce que cherchent à faire les pays d'Amérique et d'Asie.

Rien de nouveau pour sortir de la crise si ce n'est la concurrence sur les marchés d'exportation avec parallèlement la compression du pouvoir d'achat C'est le cercle carré. Un article pertinent sur cette question
Bonne lecture

"La fierté se lisait sur le visage du secrétaire d'Etat aux Finances irlandais, Brian Hayes, lorsqu'il s'est félicité, récemment à Berlin, du fait que l'Irlande pourrait servir de modèle à d'autres pays en crise. De fait, voilà des mois que le pays reçoit des éloges de tous les côtés, malgré l'ampleur de ses déficits et de sa dette, malgré son taux de chômage en hausse et ses salaires en baisse. Car l'Irlande a une force : ses excédents à l'exportation. Le pays écoule ses produits dans le monde entier et redresse ses finances aux frais de l'étranger. Petit à petit, les autres pays de la zone euro lui emboîtent le pas. Ce qui gêne l'Amérique et l'Asie aux entournures.
C'est le cœur de la stratégie anti-crise. Les mesures de stabilisation de la zone euro, les rachats d'obligations par la Banque centrale et les cures d'austérité ne rassurent que les investisseurs sur les marchés financiers. Le chemin de la stabilité, lui, passe par la croissance économique. Par l'export. La zone euro change de modèle économique – et l'exemple à suivre est ici moins l'Irlande que le champion de l'exportation, c'est-à-dire l'Allemagne.

"De beaux progrès"

Afin d'asseoir leur position sur le marché international, les pays membres de la zone euro, au premier rang desquels les pays en crise, misent sur les salaires. Ceux-ci doivent baisser afin de réduire les coûts de production. Et cette baisse passe par trois leviers, explique Christoph Weil, de la Commerzbank. D'abord, la récession et la hausse du chômage ont limité la marge de manœuvre des syndicats. Ensuite, de nombreux pays de la périphérie ont sabré dans les salaires de leurs fonctionnaires. Et enfin, entre autres mesures, les réformes du marché du travail, la suppression de jours fériés et la baisse du salaire minimum contribuent à faire pression sur les salaires.
Résultat des courses : "*La périphérie de la zone euro fait de beaux progrès en matière de compétitivité*", reconnaissent les économistes du Crédit Suisse. Des progrès qui appauvrissent cependant les ménages, qui voient fondre leur pouvoir d'achat. Dans

les pays du sud de l'union monétaire, la demande intérieure a enregistré des replis de l'ordre de 15 % en termes réels. Du fait de la crise, la Grèce a diminué ses achats à l'étranger de 13 % au cours des sept premiers mois de cette année, l'Italie et le Portugal de 7 %, et l'Espagne de 3 %. Comme, dans le même temps, les exportations repartent à la hausse, les déficits du commerce extérieur se résorbent lentement. L'Espagne et l'Italie sont aujourd'hui à nouveau en excédent. "*La zone euro ressemble de plus en plus à l'Allemagne*", constate Crédit Suisse.

Se décharger du coût de la crise

La Grèce, l'Espagne et le Portugal risquent toutefois d'avoir du mal à se désendetter de la sorte à l'intérieur de la zone euro – la République fédérale a une bonne longueur d'avance. Les pays exportateurs comme l'Allemagne ou les Pays-Bas ont réagi à la chute des coûts de production chez leurs concurrents d'Europe du Sud en revoyant leurs prix à la baisse. Ce qui explique que les pays de la zone euro aillent tenter leur chance plus loin et lorgnent sur les marchés d'Extrême-Orient et d'Amérique.

L'Amérique et l'Asie, qui ont opté pour la même stratégie, y voient une provocation. Barack Obama, le président américain, avait ainsi annoncé que les Etats-Unis souhaitaient doper leur croissance à l'international. Sur le marché européen, la stratégie américaine fonctionne mal. En août, les exportations américaines à destination du Vieux Continent ont stagné. Idem pour les exportations vers la Chine.

Les exportations vers l'Europe sont en repli de 6 % cette année, alors que les importations en provenance du Vieux Continent ont bondi de 18 %.

En misant sur l'export, l'Europe essaie donc de grignoter des parts de marché aux autres pays. "*La hausse des excédents courants dans la zone euro entraîne un choc négatif sur l'économie mondiale*", commente Crédit Suisse. Accroissant ainsi le risque de différends commerciaux. Les gros "blocs commerciaux" tentent de se décharger du coût de la crise sur les autres."34

34Stephan Kaufmann in

FRANKFURTER RUNDSCHAU octobre 2012 FRANCFORT

Chapitre XIII

L'Identité nationale un drôle de débat ou une drôle de guerre

Les méandres, auxquels excelle la pensée politique de droite, cherchent à faire disparaitre les clivages politiques. Le débat sur l'identité nationale en est un des avatars; qui a fait long feu. Car ce débat a été engagé en liant l'identité nationale à l'immigration. Comme si il existait un corps national original et des éléments extérieurs qui seraient venus s'agréger a ce corps originel. Par la même occasion l'on a orienté le débat sur ce qui depuis un siècle a constitué et structuré la population française c'est à dire la population immigrée musulmane Il était semble-t-il acquis au départ qu'en exploitant le sentiment de xénophobie que l'on prête à certaines couches de la population on aurait obtenu un consensus. Mais l'on a découvert à ce propos que" le cercle était carré"

Comment concilier les principes et les valeurs de la Révolution française avec un instrument de division entre les français de "souche" et les autres qui seraient des citoyens de seconde zone. Les conséquences de cette posture politique ont été nombreuses car demander au citoyen de prouver sa nationalité alors qu'il est titulaire de papier d'identité devient une gageure. L'on a été a deux doigts de voir en France un phénomène de français virtuels mais sans papier. Lorsqu'une personne a acquis la nationalité celle-ci ne peut lui être retirée ; *Elle NE PEUT EN ETRE DECHUE DANS DES CAS LIMITES ET ENONCES PAR LA LOI ET NE PEUT ETRE PRONONCE QUE PAR UN ACTE JUDICIAIRE.* D'ailleurs l'abandon de la nationalité même par un acte volontaire n'est pas reconnu par le droit français. A quoi rimait cette gesticulation qui fait obligation aux français nés a l'étranger et dont les parents étaient français la nécessité de prouver qu'ils le sont par un certificat de nationalité. Cela, se manifeste lors d'un renouvellement de leur papier d'identité alors qu'ils étaient déjà citoyens. Et puis, si l'on considère ceux qui sont nés à l'étranger ils le sont soit au nom du droit du sang l'un des parents ou les deux à la fois étant français ou qu'ils ont acquis la nationalité par un acte de l'administration ou un décret de naturalisation ou enfin par un acte judiciaire ; Les négociateurs des Accords d'Evian ont senti cette contradiction en donnant un délai de trois ans pour les citoyens algériens pour opter pour la nationalité française et pour citoyens français vivant en Algérie pour opter pour la double nationalité. La fiction juridique coloniale de départements français a entrainé des conséquences qui font que le fils d'un père algérien et dont le grand père est algérien, tous deux ayant vécu dans l'un des départements français, est fondé à obtenir en théorie la nationalité française D'ailleurs les livrets de famille délivrés à l'époque porte les mentions de république française et porte le cachet de l'officier d'état civil qui l'a délivré. On ne peut occulter une telle évidence juridique
"Français à part entière" ou français entièrement à part rappelle étrangement une vielle question qui occupa la fin des années cinquante. Une majorité de cas relève du second groupe. Une Nation peut elle se fonder sur une telle division reniant un

principe de droit public; la continuité de l'état et de ses actes? n'est ce pas au nom de la continuité de l'état français qu'un président de la République s'est excusé pour la participation, il y a plus de 50 ans, de l'état français dans la déportation des milliers de personnes dont la qualité de citoyens français était reconnue?

Chapitre XIV

"La résistible ascension d'Arturo Ul"

par Zahir Farès, mercredi 21 juillet 2010, 01:40 ·

La droite extrême fait partie de l'inconscient collectif français. En agitant le spectre on finit par donner corps à ce spectre. Il reste a savoir à qui profitera ce spectre. Deux possibilités : 1 au front national en tant que parti de gouvernement 2) au fn en tant que mouvement représentatif d'une certaine opinion. Encore quelques voitures incendiées dans une banlieue et quelques "affaires" alors que la crise économique ampute le pouvoir d'achat et le destin du fn sera scellé. Dans toutes les hypothèses le FN n'est pas perdant ! les chroniqueurs qui développent à longueur d'émissions de radio et de télé leur "analyses" prétendument objectives de l'intégration- assimilation sont les alliés de cette résistible ascension d'une vision politique qui refuse d'accepter la réalité.

Chapitre XV

AFRIQUE SCIENCES ET TECHNIQUES

par Zahir Farès, dimanche 19 juillet 2009, 02:08 ·

Dans la totalité des pays africains l'accent a été mis sur l'exploitation extensive des produits de base en négligeant les investissements immatériels qui assurent une valeur ajoutée à la production; il suffit de voir les budgets des universités et de la recherche développement pour mesurer l'effort à consentir pour espérer commencer à combler les écarts.

La" révolution scientifique et technique" qui s'est engagée dans les pays développés avec l'informatique dans la dernière moitié du 20 siècle nous enseigne, notamment, que les produits de base des économies des pays en développement ont vu régressé leur part en valeur relative et absolue dans la production finale. une tonne de café conditionnée et torréfiée rendue chez le consommateur a une valeur ajoutée supérieure à celle produite par les planteurs. Cette valeur ajoutée inclue le budget publicitaire. Quant au pétrole, son prix reflète beaucoup plus la fiscalité des Etats consommateurs que ce qui est payé en réalité aux pays producteurs.

Ces quelques exemples, nous interpellent au sujet de "l'économie du savoir" qui ne fait qu'accentuer les écarts entre le nord et le sud. Il y a deux types d'analphabétisme qui touchent les sociétés en raison des avancées de l'économie du savoir ; celui de l'apprentissage primaire lire écrire compter, et celui de la capacité des hommes à s'adapter aux nouvelles découvertes dans tous les domaines. Le premier est relativement gérable Il en va autrement du second

D'ici cinq ans 15 hommes se rendront sur mars. D'ici une année 12 hommes vivront trois mois sur la lune. Actuellement dix hommes tournent autour de la terre et cinq hommes s'apprêtent à les rejoindre dans la station internationale Pour un milliard d'habitants l'information est banale Pour cinq autre milliards dont un peu plus de deux milliards ont deux dollars par jour pour (sur)vivre l'information relève du merveilleux et de la fiction quand très souvent ils apprennent une telle nouvelle

Chapitre XVI

Moraliser le capitalisme ?

L'on s'accorde généralement à dire que la crise financière se trouve maintenant dans sa troisième phase. Dans la première phase, les banques se trouvèrent en difficulté du fait des amortissements conséquents pour les emprunts hypothécaires garantis et furent sauvées grâce à la « communautarisation » de leurs pertes, Lehmann Brother mis à part. Dans une deuxième phase, des pays périphériques de l'UE furent entraînés sur une pente savonneuse du fait que le niveau de leur endettement ne permettait plus d'imaginer qu'ils s'en sortiraient. On tenta de stabiliser par des plans de sauvetage qui devaient être financés, et le furent, par les retraités et d'autres groupes dépendant des Etats, ainsi que par les pays du nord de l'UE, économiquement plus solides.

Dans une troisième phase, le doute quant à la solvabilité des pays s'est étendu aux pays phares de l'économie mondiale, notamment les Etats-Unis, mais aussi l'Italie, en dernier la France, tous ces pays étant entraînés dans le tumulte. Ces différentes étapes de la crise font apparaître un système de gestion de la confiance dans lequel la perte de confiance de certains acteurs d'un niveau   donné est récupérée par les garanties données par les acteurs d'un niveau plus élevé. Mais au lieu que la situation se stabilise, ces garanties provoquent un doute quant à la confiance qu'on peut accorder aux sauveteurs. En fait, il n'y a plus de marges de manœuvre dans le domaine de la confiance.

Cette crise est bien une crise systémique, d'un système basé sur le travail (dont l'essentiel des revenus sont captés par quelques-uns) qui dépend de la consommation, qui elle-même dépend de dettes. Selon Maurice Allais, prix Nobel d'économie en 1988 « L'économie mondiale tout entière repose aujourd'hui sur de gigantesques pyramides de dettes, prenant appui les unes sur les autres dans un équilibre fragile. » Pour rappel, depuis 2000, la dette totale des ménages américains a augmenté de 22 %, une catastrophe !

Bernard Lietaer (qui a mis en place l'euro et spécialiste des questions monétaires) avait donné une image exacte de l'ampleur de la crise aux USA, dans son livre blanc en novembre 2008 :

« L'opération de sauvetage américaine coûtera plus que la somme de toutes les activités historiques suivantes du gouvernement américain, ajustée pour l'inflation : prix de l'achat de la Louisiane, le New Deal et le Plan Marshall, les guerres de Corée, du Vietnam, la débâcle de S&L, la NASA et la course à la lune réunis. » En effet, le montant total des dérivés (des produits financiers qui lors d'une crise majeure ne valent plus rien), est évalué par la BRI (Banque des règlements internationaux) à 591 963 milliards de dollars au 30 décembre 2008, ce qui représente plus de 10 fois le PIB mondial :35

Pour ceux qui croient que ces chiffres sont du vent, voici les preuves du crime. Essayez d'emprunter 10 fois la valeur de votre maison ! La finance, elle, contrôlant l'ensemble de la classe politique du monde, peut tout se permettre.

Or, il faut le rappeler, les entreprises, la finance, les banques sont interconnectées et littéralement infectées par ces produits financiers que Paul Jorion nomme « les métastases ». Les premières grosses défaillances ont commencé (Chrysler, General Motors par exemple) et nous assistons en ce moment, par effet domino, à l'implosion du système. Les sommes en jeu sont tellement énormes que tel un trou noir, elles font disparaître l'ensemble des 'Etats-nations et au passage, nos emplois, nos retraites et toutes nos protections sociales.

D'ailleurs, Laurent Carroué, directeur de recherche à l'Institut français de Géopolitique, Expert du groupe Mondialisation du Centre d'Analyse Stratégique (ex Commissariat Général au Plan), en mai 2009 a estimé le coût de la crise à 103 % du PIB mondial soit 55 800 milliards de dollars : La crise mondiale : une ardoise de 55 800 000 000 000 de dollars américains.

C'est vrai, tout va mieux !

Ces preuves irréfutables de l'ampleur du désastre à venir et j'espère qu'une prise de conscience collective est en train de naître. Un autre modèle économique est à bâtir, qui ne doit pas être celui de la Banque Mondiale ou du FMI, une constitution pour l'économie (ecce - home) car l'origine de tous les problèmes est là. Pour conclure je vous laisse méditer sur ces paroles qui résument à elles seules la façon dont les choses se passent.
Devant un tel constat certains croient trouver une réponse dans un peu plus de morale dans le fonctionnement du capitalisme
Les faits montrent la vanité d'une telle question. Mais si tout le monde répond oui à cette question, très peu adopte une attitude globale sur la pérennité d'un système qui crée plus de pauvres et qui enrichit une minorité sociale.
J'emprunterai les éléments de l'analyse développée ici 'à(36) M Collon et à Henri Houben docteur en économie et membre du secrétariat d'ATTAC en Belgique les développements ci-dessous. Comment moraliser un système économique? Du jour où l'homme se mit à épargner pour produire par un détour de production il s'est créé deux groupes sociaux, ceux qui commandent aux machines et ceux qui les servent.37

35http://www.bis.org/statistics/derstats.htm cliquez sur « Amounts outstanding of over-the-counter (OTC) derivatives by risk category and instrument » en pdf ou directement sur http://www.bis.org/statistics/otcder/dt1920a.pdf.

36Michel Collon journaliste sur Internet, nous pose, lui, dix questions sur la crise (fin 2008) :

37François Perroux in préface K Marx Œuvres T I Page X La Pleiade

1.Il y a eu 24 crises conjoncturelles depuis 1971, ce qui a causé une croissance plus saccadée et la crise dans laquelle on se trouve est une crise "structurelle". (C'est à dire une crise de longue durée.)

1)Les Subprimes . Elles étaient une véritable escroquerie montée sur le dos des ménages américains à revenus modestes. On ne pouvait pas à l'époque parler de l'escroquerie de Madoff dont on apprend aujourd'hui qu'elle se monte à 65 milliards de dollars.

2)Seulement une crise bancaire? Évidemment non : la dette générale a été générée (particuliers, entreprises, Etats) pour maintenir une croissance économique.

3)La cause profonde? C'est bien sûr une crise de surproduction (en réalité de sous-consommation puisque on a baissé les salaires où leur part dans le produit national).

4)Juste une crise à surmonter? En analysant cette crise comme systémique et de longue durée on pourrait montrer qu'il y a des perspectives pour les travailleurs de tous les pays !

5)« Moraliser le capitalisme? » C'est évidemment une farce et une fable ! C'est aussi impossible qu'un « tigre végétarien ou un nuage sans pluie. »

6)Sauver les banques? En réalité ce que font les Etats c'est la socialisation par nationalisation des pertes pour protéger les riches ...

7)Les médias : ils nous mentent comme d'habitude et vont chercher les détails pour obscurcir la réalité...
8)Le néo-libéralisme : « La crise a été non pas provoquée mais accélérée par la mode néo-libérale de ces vingt dernières années. Or, ce néo-libéralisme, les pays riches ont prétendu l'imposer de force dans tout le tiers-monde. Ainsi, en Amérique latine, (voir38) le néolibéralisme a plongé des millions de gens dans la misère. Mais l'homme qui a lancé le signal de la résistance, l'homme qui a démontré qu'on pouvait résister à la Banque Mondiale, au FMI et aux multinationales, l'homme qui a montré qu'il fallait tourner le dos au néolibéralisme pour réduire la pauvreté, cet homme-là, Hugo Chavez, les médias n'ont cessé de le diaboliser à coups de média-mensonges et de ragots.»

9) Le tiers-monde ? « On nous parle uniquement des conséquences de la crise dans le Nord. En réalité, tout le tiers-monde en souffrira gravement du fait de la récession économique et de la baisse des prix des matières première qu'elle risque d'entraîner. »

10)L'alternative?

38*"Les 7 péchés d'Hugo Chavez",*

« L'humanité a bel et bien besoin d'un autre type de société. Car le système actuel fabrique des milliards de pauvres, plonge dans l'angoisse ceux qui ont la «chance» (provisoire) de travailler, multiplie les guerres et ruine les ressources de la planète. Prétendre que l'humanité est condamnée à vivre sous la loi de la jungle, c'est prendre les gens pour des cons. Comment faut-il concevoir une société plus humaine, offrant un avenir décent à tous ? Voilà le débat qu'il nous incombe à tous de lancer. Sans tabous. »

2.Un système qui tient : avec le premier choc pétrolier les capitaux affluent vers le Moyen-Orient pour être destinés vers l'Occident, puis l' Amérique latine. Avec l'endettement, celle-ci achète des marchandises à l'Occident. La crise de la dette éclate en août 1982, avec l'arrêt de paiement du Mexique. Le problème est que cela met en péril les banques. Le FMI intervient à leurs services. Conclusions : suite aux 24 crises, en 2006, la bulle éclate. Les non-remboursements apparaissent et se multiplient. Les banques sont menacées, car elles ont prêté aux «hedge funds» qui ont acheté les paquets de titres de créances.

Or, les « hedge funds » ne publient pas de comptes et sont enregistrés aux Bermudes. Pas de contrôle, pas de régulation. Le pire est devant nous. Est-ce simplement une crise financière? Marque-t-elle seulement le manque de régulation ?

La crise a une base productive. Elle montre un déséquilibre entre l'augmentation des capacités de production et les possibilités d'achat de la population.

Quels sont les déterminants de la crise ? « Il y a deux grands secteurs dans l'économie: celui des biens de production et celui des biens de consommation. Le premier est alimenté par les investissements (et les amortissements). Ce sont les industries d'extraction, de machines, de composants, etc. Le second par la consommation. Il faut un équilibre entre secteurs, entre investissements et consommation. Le crédit permet de financer les investissements et la hausse de la consommation. Jusqu'au moment où l'endettement est trop élevé et les banques arrêtent leurs prêts. Il y a crise financière, mais derrière il y a la crise de surproduction…
« La crise actuelle est très grave. Elle met en cause le système capitaliste, la mondialisation actuelle et les politiques néo-libérales. Elle apparaît sous une forme financière. Mais elle dépasse ce cadre. L'on s'accorde sur les critères suivants ; ces critères font apparaitre un capitalisme anarchique, inefficace et inégalitaire.
Anarchique : c'est la loi du profit et de l'intérêt de capitalistes qui prédomine.
Inefficace : la crise se transforme en restructurations, faillites, pertes d'emploi, baisses de salaire...
Inégalitaire : la crise provient fondamentalement de l'inégalité de revenus et de pouvoirs dans la société capitaliste." Et c'est en cela que le capitalisme n'a pas d'éthique. Voilà un visage qui ne peut se masquer derrière une quelconque morale.

Chapitre XVII

REPENSER LA CROISSANCE ET LE DEVELOPPEMENT

La poursuite du modèle de croissance et de développement quelque soit le pays est une utopie ; car il répond à une accumulation du capital au détriment de l'humain, compte tenu de l'accroissement de la population mondiale ce modèle d'accumulation est source de tensions nationales régionales et universelles. Certains disent qu'il est conforme aux intérêts des pays développés cherchant à consolider leur influence et leurs marchés

Mais ;
Sans développement, l'inflation urbaine continuera, démunie des ressources financières qui permettraient de corriger ses conséquences négatives : chômage, hypertrophie de l'économie souterraine, qui peut représenter jusqu'à 50 p. 100 des activités, criminalité, pollution, bidonvilles.

Au-delà de 500 000 habitants, les avantages économiques d'une plus grande taille des villes disparaissent. Or plus de la moitié de la population citadine vivait dans des villes de plus de 1 million d'habitants en l'an 2000. Mexico aura plus de 30 millions d'habitants, São Paulo, Bombay et Calcutta plus de 20 millions, etc.

Sans développement, il ne sera pas possible de payer les dépenses de formation pour les jeunes, qui constituent plus d'un tiers de la population des pays . Sans développement, les pays en développement (Tiers Monde ou quart Monde) n'arriveront pas à nourrir et à soigner la population, l'aide des pays occidentaux ne pouvant être sur ce sujet que marginale et ne profitant qu'à une minorité.

Les modalités d'un système monétaire international pénalisant par ses variations erratiques de change et de taux d'intérêt, auquel s'ajoute la corruption, le gaspillage, l'absence de stratégie, les « effets de démonstration » (*imitation effects*) qui font préférer la consommation à l'épargne sont autant de facteurs qui entravent le développement et qui sont de la responsabilité des pays considérés. La question du développement n'est plus simplement économique. Elle devient politique et morale. Toute politique de développement suppose des choix privilégiant le devenir de la communauté au détriment de la satisfaction de certains intérêts particuliers.

Face à ces contraintes que peuvent les pays dans leur recherche du développement? Les pistes de recherche semblent privilégier cinq priorités.
Première priorité : l'agriculture. La réussite de l'industrialisation dépend du niveau de vie des populations rurales. Le développement de l'agriculture vivrière est crucial, non seulement parce que celle-ci doit fournir l'alimentation et les revenus nécessaires à l'investissement, mais parce qu'il évite un surcroît de chômage et une trop grande dépendance par rapport aux pays développés.

La deuxième priorité est le freinage démographique. Plus que des campagnes de sensibilisation, l'amélioration du niveau de vie et l'éducation des femmes sont les conditions d'un résultat dans ce domaine.

La troisième priorité est l'investissement humain. Celui-ci se heurte au monopole des pays développés sur la technologie et sur la recherche fondamentale. Un tel monopole provoque l'exode des cerveaux. Mais l'exode n'est pas inévitable, comme le montre l'exemple de l'Inde, qui abrite aujourd'hui des centres de recherche avancés. Encore faut-il qu'il ne soit pas favorisé, du côté des pays riches, par une politique de « chasseur de têtes » ou « d'immigration sélective », et du côté des pays pauvres, par des restrictions budgétaires ou des gaspillages qui interdisent tout investissement éducatif.

La quatrième priorité est la réforme de l'État. Toute l'histoire du développement prouve l'exigence d'une stratégie cohérente mise en œuvre par un État ayant l'appui de la population. Ce fut le cas du Japon sous la révolution Meiji au XIXe siècle. Au XXe siècle, il faut citer l'exemple de la Corée du Sud, qui a certes bénéficié de l'aide américaine, mais a également su choisir un mode de développement adapté à ses ressources humaines et aux exigences de l'époque.

Si l'histoire du développement a montré la généralisation de l'économie de marché par suite de l'échec de la planification réductrice d'incertitudes ou centralisée, elle a également révélé la nécessité d'une intervention de l'État qui doit créer non seulement le contexte institutionnel et juridique indispensable à l'économie de marché, mais aussi les instruments de politique budgétaire et monétaire favorables au développement.

Comme le disait John Maynard Keynes dans *La Fin du laissez-faire* , « l'important, pour l'État, n'est pas de faire ce que les individus font déjà et de le faire un peu mieux ou un peu plus mal, mais de faire ce que personne d'autre ne fait pour le moment ». De ce point de vue, la stabilité politique et la cohésion sociale sont deux conditions du développement dont l'absence explique pour partie les mauvais résultats de l'Afrique noire au cours des années quatre-vingt. A contrario, les perspectives de démocratisation ouvertes au début des années quatre-vingt-dix apportent une lueur d'espoir pour l'avenir.

La dernière priorité est la rupture de l'isolement. Comme l'ont montré les pays asiatiques, le processus de développement ne peut se réaliser aujourd'hui à l'écart du marché mondial. Celui-ci apporte les innovations et les informations indispensables à la modernisation des techniques, et un marché d'appoint pour les produits manufacturés. Mais l'analyse montre qu'une stratégie de développement par la conquête des seuls marchés extérieurs ne peut s'étendre à l'ensemble du Tiers Monde, même si elle a réussi dans les petits pays.
Cependant, ces piste de recherche ne font que reculer de quelques années l'inévitable

effondrement d'un système économique et social fondé sur le consumérisme et des choix eux-mêmes déterminés par la loi du profit entrainant un modèle de croissance quantitative. En d'autres termes le marché n'assure pas sa « mission » de régulation des buts individuels et de l'intérêt collectif.

Tout d'abord, si la Chine, l'Inde et les grands pays obtenaient les mêmes résultats que les quatre dragons, ils accapareraient l'ensemble du marché des pays développés pour les biens de consommation courante. L'hypothèse est donc irréaliste.
 Une seconde difficulté liée à cette stratégie est le niveau d'éducation qu'elle requiert pour la main-d'œuvre. Il semble donc que la bonne stratégie industrielle soit celle qui s'appuie sur le marché intérieur en choisissant une voie moyenne en matière de technologie et d'ouverture des frontières. S'ils doivent garder le contact avec le marché mondial, les grands pays sous-développés ne peuvent éviter un certain protectionnisme, sauf à voir leurs consommateurs acheter massivement des produits importés, comme l'illustre l'exemple récent des pays de l'ex-bloc communiste.

En d'autres termes, il ne paraît pas que le libre-échange soit la voie la meilleure car ses limites mêmes entraineraient des conflits dont le but ne sera plus celui de l'espace géographique mais une nouvelle forme de colonisation par la conquête de consommateurs. Les exemples historiques des États-Unis et du Japon sont en crise, l'Europe se débat dans des questions de suprématie de l'Euro. Au vrai, le modèle est confronté à une crise structurelle mettant en cause tous les modèles de développement qu'ils soient capitalistes orthodoxes ou keynésien. Quant au modèle socialiste dévoyé, il a été victime de sa course effrénée pour rattraper, selon son modèle dit socialisme d'ETAT, la croissance du capitalisme. Que naissent des mouvements d'indignés par les inégalités et le consumérisme est un indice pour l'instant minime mais qui est significatif d'une prise de conscience sociale des dégâts consubstantiels au mode de production capitaliste

Il en ressort qu'il n'existe pas de modèle en matière de développement valable pour toutes les régions, quels que soient leur taille et leur niveau de revenu, contredisant ainsi la démarche du FMI et de la Banque mondiale. Les pays doivent nécessairement adapter les enseignements tirés des sciences sociales et des comparaisons internationales. Les échecs en la matière ont souvent pour origine l'inadaptation des politiques suivies aux réalités culturelles et humaines des régions considérées.
On peut affirmer, de ce point de vue, que la démarche des institutions internationale a trop souvent favorisé l'imitation des modèles occidentaux plus que la mise en œuvre de recherches ou d'expériences, en agriculture notamment, correspondant aux besoins fondamentaux des pays pauvres. Le développement ne peut résulter en fin de compte que du sens des responsabilités et de l'esprit d'initiative des élites dirigeantes. Même si la bonne volonté des pays développés se traduisait par une aide en rapport avec leur richesse réelle, ce qui aujourd'hui n'est pas le cas, « l'aide » ne peut être que subordonnée aux efforts à repenser la croissance et le développement en un mot à renverser les concepts et leur application.

Chapitre XVIII

Une société invivable :

La critique d'un précurseur Ivan illich

La pertinence (des) analyses demeure entière. Mais, un peu comme le soleil, il semble dangereux de les regarder en face, tant leurs conséquences pourraient être corrosives, si elles devaient être prises au sérieux.

… Qu'on en juge : la médecine rend malade plus qu'elle ne guérit, l'automobile fait perdre plus de temps qu'elle n'en fait gagner, l'école déforme plus qu'elle n'éduque. Sans doute, Illich a-t-il parfois cédé à un certain goût de la provocation en utilisant ces raccourcis….

Au-delà de cet aspect volontiers provocateur, Ivan Illich s'est attaché à développer une critique radicale de ce qu'il appelle le « mode de production industriel ».
De quoi s'agit-il ?

Pour lui, les hommes ont deux façons de produire ce qu'ils estiment nécessaire ou important de produire. Ou bien ils s'y attellent eux-mêmes, en produisant directement les valeurs d'usage qu'ils souhaitent, à la façon du jardinier amateur ou du bricoleur artisan. Ou bien ils ont recours à des marchandises produites par d'autres.

L'humanité a très longtemps utilisé essentiellement la première voie, celle qu'Illich appelle le « mode de production autonome ». Mais, pour des raisons d'efficacité, la seconde voie – le « mode de production hétéronome » – est devenue prépondérante depuis quelques siècles, et omniprésente depuis quelques décennies.

En apparence au moins, la division du travail permet en effet de produire davantage, elle facilite la mise au point de technologies performantes et la création d'objets innovants.

Or, cette voie est une impasse (1), parce qu'elle prive l'homme de sa capacité à être autonome, de « la capacité personnelle de l'individu d'agir et de fabriquer, qui résulte de l'escalade, constamment renouvelée, dans l'abondance des produits » (Le chômage créateur).
Un seuil contre-productif
Pour Illich, vient un moment où le recours croissant aux marchandises – ce qui est produit par d'autres – ne permet plus de satisfaire les besoins, mais engendre une

demande encore plus grande de marchandises. Il y a inversion du sens….

Vient un moment où la marchandise n'est plus une réponse à un besoin, mais la base d'une nouvelle demande, dans une sorte de course sans fin, où la marchandise appelle davantage encore de marchandise. Illich attache une grande importance à cette notion de seuil… la marchandise devient un obstacle qui empêche l'homme d'être l'artisan de son devenir : pour Illich, plus n'est pas synonyme de mieux ; vient un moment où la marchandise, d'objet de libération devient objet d'aliénation.

Alors, le modèle de production devient contre-productif : ainsi, lorsqu'on met bout à bout le temps passé à gagner de quoi acheter une voiture et les charges qu'elle entraîne pour l'entretenir et la faire rouler, et que l'on compare ce temps au nombre de kilomètres parcourus, on arrive à une moyenne de… 6 km/h (2). Pas plus vite que la marche à pied, et moins que le vélo, deux modes de transport autonomes.

Comme l'écrit Jean-Pierre Dupuy …., « le temps passé à concevoir et à fabriquer des engins puissants prétendument capables de faire "gagner du temps" fait beaucoup plus qu'annuler le temps qu'ils économisent effectivement » (3). La technique hétéronome accroît les déplacements, mais réduit la vitesse.

La consommation médicale accrue n'accroît que peu l'espérance de vie (qui augmente principalement grâce à l'hygiène de vie), mais produit une dépendance croissante qui va à l'inverse de ce qu'on appelle la santé.
La marchandise, objet d'aliénation

Au total, le franchissement d'un seuil de contre-productivité provoque plus de dépendance, alors que les gens cherchaient plus d'autonomie. Les marchandises étouffent ceux qu'elles étaient censées libérer. Tout d'abord, la société tout entière est peu à peu façonnée en fonction des outils hétéronomes. Ceux qui tentent de sauvegarder leur autonomie doivent progressivement choisir entre exclusion et règle commune : dans une ville où l'automobile est reine, se déplacer à pied ou en vélo devient dangereux. Certains moyens techniques éliminent ainsi toutes les autres formes de production de valeur d'usage : Illich parle alors de « monopole radical ». Et ceux qui n'y ont pas accès sont alors appauvris, puisqu'ils ne peuvent plus utiliser les méthodes autonomes.

La seule façon d'échapper à cet appauvrissement est d'utiliser des marchandises-prothèses suppléant à la perte d'autonomie. Les médicaments suppléent au mal-être, la télé à la solitude, le Viagra à l'impuissance. D'où un cercle vicieux : chaque diminution d'autonomie personnelle donne naissance à une demande supplémentaire de marchandises qui diminue un peu plus l'autonomie, etc. Congestion et encombrement font alors leur apparition, dans les transports, les hôpitaux, les grandes institutions. Enfin, se multiplient les «professionnels» (au sens américain du terme : spécialistes, experts), seuls capables de trouver des solutions au fonctionnement de plus en plus complexe d'une société hétéronome.

La voiture appelle le garagiste, l'école le professeur, la complexité sociale l'expert en tous genres : sexologues, psychologues, profileurs, communicateurs… Toutes ces professions deviennent des intermédiaires obligés, qui accroissent d'autant la perte d'autonomie de chacun.
Source Denis Clerc publié par Antony et Fred dans paris8philo
« Une société invivable »

Au-delà du fait que, avec d'autres (comme Jacques Ellul en France ou Paul Goodman aux Etats-Unis), mais sans doute plus fort que la plupart des autres, il dénonce une société qui aliène alors qu'elle croit libérer.
L'apport d'Illich tient en deux points.

D'abord, il montre que les outils ne sont pas neutres : ils portent en eux-mêmes leur propre finalité, ils sont la matrice qui modèle les rapports sociaux que les hommes noueront entre eux. Ce qui va à l'encontre de toute la tradition positiviste et productiviste du marxisme dominant, qui voit dans l'essor des forces productives un instrument libérateur et la preuve de la maîtrise croissante de l'homme sur l'univers.

Dans cette tradition, si l'essor des forces productives se retourne contre l'homme, c'est parce qu'il est confisqué par la classe dominante qui l'utilise à son profit. Au contraire, Illich estime que ce potentiel libérateur est un leurre, et qu'il se retourne contre ceux qui sont censés en être les bénéficiaires. ….

Deuxième point : Illich avance que la logique des institutions est indépendante de leur finalité : c'est en voulant faire le bonheur des gens qu'on produit une société invivable. Qui est ce on ? Ivan Illich ne fournit pas de réponse bien nette. Tantôt il met l'accent sur la responsabilité des professionnels, qui tirent en quelque sorte profit du crime, tantôt il raisonne en termes systémiques, où l'acteur est déterminé par le système en même temps qu'il le détermine, selon le principe bien connu des cercles vicieux.

Cette critique radicale de la société industrielle ne donne donc pas la solution politique au problème qu'elle pose. ….. Dans cette perspective, l'enjeu est aujourd'hui de démocratiser la sphère hétéronome autant que d'étendre la sphère de l'autonomie, en définissant collectivement ce qui est utile socialement.
Dans ce contexte, une partie de la critique de l'hétéronomie faite par Illich a quelque peu perdu de sa force aujourd'hui. …. Force est de reconnaître d'ailleurs que les alternatives à la société industrielle marchande ne sont pas des plus exaltantes : le yoga et la nourriture bio ont moins fait pour allonger l'espérance de vie que les médicaments contre le cholestérol. La prothèse est efficace et, comme l'écrivait Joan Robinson, « le système est cruel, injuste, agité, mais il fournit vraiment des biens et, que le diable l'emporte, ce sont des biens qu'on veut » (4).

Mais, en même temps, qui ne voit que, loin d'apaiser nos sociétés, l'accumulation de biens crée de nouvelles pauvretés – ceux qui sont dépourvus de téléphones portables se sentent à l'écart, par exemple – et multiplie les problèmes – déchets, encombrements, énergie…

Au total, la critique radicale développée par Illich a ouvert bien des portes. Certains, comme Serge Latouche, François Partant ou Fabrizio Sabelli, s'en inspirent pour proposer une alternative au développement conçu comme un simple rattrapage des pays industrialisés. D'autres tentent de composer avec la société telle qu'elle existe, et parlent alors de développement durable, comme le font Ignacy Sachs ou Amartya Sen. Si l'on juge la vitalité d'une pensée à sa postérité, alors celle d'Ivan Illich est particulièrement vivante. "
Publié par Antony et Fred paris8philo.

(1)Le terme a d'ailleurs été repris par un des disciples d'Illich, Ingmar Granstedt, qui a publié en 1980 une critique acérée de L'impasse industrielle (éd. duSeuil).

(2) C'est Jean-Pierre Dupuy qui a eu l'idée du calcul de cette « vitesse généralisée », idée reprise par Ivan Illich pour illustrer sa thèse de la marchandise comme obstacle.

(3) Pour un catastrophisme éclairé, éd. du Seuil, 2002, p. 38.

(4) Philosophie économique, éd. Gallimard, 1967.

Chapitre XIX

La valeur du travail s'efface devant l'argent

En effet, faire apparaître sur des listings informatiques, grâce à de véritables martingales mathématiques, sur des ordres massifs et ultra rapides de ventes et d'achats de titres ou de monnaies, des soldes positifs, baptisés aussitôt « bénéfices », est une nouvelle façon, sans risque pénal, de faire de la fausse monnaie.

Et l'opinion publique, abusée par les commentateurs de connivence, ou ignorants, ou obéissants, finit par ne plus faire la différence entre le vrai travail, utile à la société, et le casino. Goldman Sachs et Moody's n'apportent rien à la société. Pire, ils sont en mesure de la faire souffrir.

Que l'on est loin des fulgurantes vérités du plus grand génie de tous les temps qui, il y a 25 siècles, avait parfaitement, pour l'éternité, identifié comme constituant le « ciment de la société » cette « réciprocité proportionnelle » qui consiste à apporter à la société à proportion de ce que l'on reçoit d'elle (Eth.à Nicomaque, V) et qui (ibidem) faisait de la monnaie un instrument de mesure qui doit éviter la spéculation, sous peine de cesser d'être un tel instrument de mesure et d'échange...Ces nouveaux Lombards gagnent, dans leurs manigances frauduleuses, en un jour ce que gagne un instituteur ou une infirmière en un an !

Sauver les Etats de la faillite, non pas en interdisant la dictature des énormes profits bancaires prélevés sur le bien collectif, mais en punissant les plus modestes après les avoir, au préalable, dépouillés du droit de choisir leur destin. Il était difficile de faire plus stupide et plus injuste : Marie-Antoinette et la brioche .On sait ce qu'il en advint...

SOURCE   :
http://www.debout-la-republique.fr/Banquiers-Lombards-et-limonade.html

Chapitre XX

Le Pompier pyromane ?

Le FMI propose aux pays endettés ayant des difficultés financières (et donc à qui plus personne ne veut prêter sans garantie) d'apporter sa garantie, afin de lui permettre l'accès aux capitaux internationaux. Mais à une condition : la mise en place, dans ce pays, d'un Plan d'Ajustement Structurel dont le but est de dégager des ressources financières pour le remboursement des prêts.

Les principales mesures ont été les suivantes :

1. abandon des subventions aux produits et services de première nécessité : pain, riz, lait, sucre, combustible... ;

2. austérité budgétaire et réduction des dépenses, en général baisse drastique des budgets sociaux "non-productifs" (santé, éducation, subventions aux produits de base) ;

3. dévaluation de la monnaie locale ; taux d'intérêt élevés, pour attirer les capitaux étrangers avec une rémunération élevée ;

4. production agricole toute entière tournée vers l'exportation (café, coton, cacao, arachide, thé etc.) pour faire rentrer des devises, donc réduction des cultures vivrières et déforestation pour gagner de nouvelles surfaces ;

5. ouverture totale des marchés par la suppression des barrières douanières ; libéralisation de l'économie, notamment abandon du contrôle des mouvements de capitaux et la suppression du contrôle des changes ;

6. fiscalité aggravant encore les inégalités avec le principe d'une taxe sur la valeur ajoutée (TVA)

7. Et surtout la préservation des revenus du capital : privatisations massives des entreprises publiques, etc.

L'impact des PAS est fortement critiqué. Le but du FMI n'est donc pas d'atténuer les effets de la crise économique sur les populations les plus fragiles, mais de garantir aux créanciers le fait que les remboursements seront effectués en priorité. Ainsi, en 1997, le FMI a prêté 105 milliards de dollars en Asie, 31 en Turquie en 1999, 21 en Argentine en 2001... qui sont immédiatement ressortis du pays en direction de leurs riches créanciers.

C'est dans ces conditions d'austérité qu'ont éclaté les manifestations « du pain ». Ce sont ces mêmes mesures qui sont proposées à la Grèce et à l'Espagne. D'où une question se pose : le FMI est il l'agent opérateur des capitaux en vue de les faire fructifier sur le dos des citoyens ? Alors ? Pompier ou pyromane ? depuis sa création cette institution a montré en faveur de qui elle penche

il est devenu très compliqué de vivre endetté et de résoudre le problème de la dette. L'endettement continu sur le dos des générations futures est irresponsable. Cette voie mène directement à la prochaine Grande dépression. La douceur de "vivre à crédit" est une drogue dangereuse. Les pays qui s'attaquent à ce problème sont les plus susceptibles de sortir renforcés en premier de la crise économique c'est une forme de guerre car les pays se doivent d'être réformés et seuls eux seront sauvés. C'est d'ailleurs le sens donnés au réformes préconisées.

Cette théorie a conduit plusieurs pays à la faillite, étranglés par un service de la dette démesuré. C'est ce fardeau qui écrase actuellement les pays de la périphérie sud de la Zone euro. Dans ces pays, le poids de la dette est tel que plus rien n'est possible pour combattre le catastrophique chômage de la jeunesse. Le manque de perspectives conduit automatiquement à des troubles sociaux graves.

Au Japon, par exemple, le retour à un taux d'intérêt "normal" de 2% signifierait que le seul paiement des intérêts de la dette nécessiterait 75% de la totalité des recettes fiscales.

Aux Etats-Unis, augmenter les taux d'intérêt à 2% reviendrait à accroître le service de la dette de 1 000 milliards de dollars. Le nombre d'Américains vivant dans la pauvreté et qui dépendent de l'aide alimentaire du gouvernement passerait rapidement des 47 millions actuels à 50-60 millions.

Depuis la fin de la Deuxième guerre mondiale, la dette totale financée par les marchés du crédit n'a fait qu'augmenter. Il y a 80 ans, cela a débouché sur la "Grande dépression".

Aujourd'hui, les montants financés par les marchés du crédit sont bien plus élevés et, la pensée néo-libérale met en garde les partisans du deficit spending qui ont continué d'augmenter le déficit et par suite de conduire droit dans le mur, d'alimenter la récession et la crise. Les débats entre partisans de l'"austérité", qui visent un endettement réduit à 0% du PIB, et partisans des programmes de relance de l'économie (deficit spending) sont toujours aussi intenses. Les adeptes du deficit spending (les pays latins dans la Zone euro, les Etats-Unis et le Japon) ont récemment repris le dessus en découvrant une nouvelle arme : la dévaluation de leur propre devise.

Ces derniers temps, la question suivante a été très sérieusement posée aux économistes : quel mal y a-t-il à s'endetter dans la mesure où la relance économique ainsi créée permet de faire baisser le chômage ? De la même façon, où est le problème si, avec le même résultat, la banque centrale finance la dette publique par l'achat d'obligations souveraines ?

Au vrai ce qui se passe actuellement c'est que plus personne n'est à même de prévoir l'évolution économique et les concepts ou outils d'analyse et d'élaboration.de stratégies sont inutilisables. Ils sont obsolètes ;
Je suis persuadé que les outils d'analyse ont été conçus dans le cadre de la gestion d'une firme .er qu' il n'est plus possible d'isoler la firme du marché extérieur. Les

stratégies de firme sont commandées par leur commerce extérieur. C'est adire que par le jeu des rachats d'entreprises et des introduction en bourse le pouvoir de l'actionnaire s'est vu renforcé échappant aux logiques nationales. C'est le profit boursier donc à court terme qui décide de la délocalisation d'une entreprise ou d'une unité de production. Cette désindustrialisation de l'économie et qui est la conséquence de critères fondés sur la productivité du travail facteur essentiel de production qui décide du maintien d'une unité. Comment faire admettre que l'unité ou l'entreprise ou la firme a des résultats positifs mais ses performances boursières ne sont pas à la hauteur de ces résultats physiques.

Partie 3

Des pistes alternatives de recherche

Chapitre XXI

De la démocratie formelle à la démocratie réelle pour les pays émergents

Bientôt nous aurons atteint la hauteur du monument des martyrs à Ryadh Elfath avec tous les livres publiés sur la démocratie en Algérie et son système politique. C'est un bon point pour la démocratie.

1)J'apporterais ma contribution en notant que, la plupart des écrits traitent de cette question comme un fait de l'esprit que c'est de l'évolution de la conscience de cet Esprit que découlerait la démocratie.

Question ? Que fait-on de l'étape bourgeoise de l'évolution humaine accaparée par le capital ce qui a entrainé la séparation du travail des masses après un processus millénaire qui dérive des nécessités de la production. ?
"la premiére grande division du travail -la séparation de la ville et de la campagne- a déjà condamné la population rurale...et les citadins à l'asservissement au métier individuel ou à la clochardisation c'est le résultat de la colonisation. La rupture entre ville et campagne a anéanti les bases du développement intellectuel des premiers et du développement physique des seconds..

En divisant le travail c'est l'homme que l'on divise, toutes les autres potentialités intellectuelles et physiques étant sacrifiées au perfectionnement d'une activité unique....

A coté du plus grand nombre exclusivement voué à la corvée du travail, il se forme une classe libérée du travail productif qui se charge des affaires communes de la société.

La contradiction entre la richesse qui ne travaille pas et la pauvreté qui travaille pour vivre, fait naitre une contradiction entre le savoir et le travail. Une société dont la condition est de produire à un pôle la richesse et de l'autre la misère est condamnée à générer d'un coté la civilisation et de l'autre l'inculture Voila en quelques mots les défis à relever pour une démocratie qui n'épouse pas les diktats du capital. La démocratie dans ces conditions obéit aux lois du développement inégale tant sur les plans national qu'international. Ces lois sont celle du système représentatif et des élections périodiques et enfin de l'alternance au pouvoir ; dispositif toléré dans la mesure où l'ensemble du processus confirme son adhésion à l'organisation capitaliste de l'économie dont le stade suprême serait celui des Etats unis.

Dans cette optique, la mondialisation doit permettre l'affirmation de la domination des intérêts américains. Tout est organisé dans ce sens depuis 1980. Les relais économiques, financiers, commerciaux et les thinks tanks sont mobilisés sur un

« consensus dit de Washington » afin d'arriver à une libéralisation des échanges dont le seul mobile est la consécration des positions acquises au cours de l'histoire ; la domination sur les peuples de la planète. La démocratie devient alors un outil qu'il est important de confier à des mains vigilantes et acquises au développement des forces productives par le capitalisme.

Le critère essentiel d'évaluation du degré de démocratisation d'un pays résidera alors dans sa capacité à suivre les injonctions des agences de notation sur sa dette publique donc sur le rôle et la place des services publiques, c'est-à-dire une vision purement comptable de l'action de l'Etat dans l'éducation, la santé, la formation, les universités … « s'il est vrai que l'État est par définition et intention protecteur, protectionniste et dirigiste au nom du salut national. C'est aussi dire qu'il revient à une manipulation des mentalités, il est, "politique culturelle", une variante de la propagande idéologique. » C'est le résultat attendu de la démocratisation de la vie politique. Ce que l'on désigne par superstructure c'est-à-dire l'ensemble des lois juridiques, les arts la musique, le théâtre, les médias ou encore ce que l'on appelle la culture peuvent être en retard ou désadaptés par rapport aux forces productives, de cette contradiction naît son dépassement. De cette vision l'on peut déduire la situation d'un pays donné dans cette phase capitaliste bourgeoise.

Il s'agit de trouver un équilibre entre les exigences externes et les aspirations des peuples. Nous sommes entrés dans la phase de compromis historique dans laquelle pour une large majorité de pays il s'agit pour eux de se préparer à la gestion du nombre. C'est chose faite en Chine ou le capitalisme a été développé par un parti communiste seul parti autorisé. A l'opposé, la gestion du nombre par un régime démocratique ; l'on trouve l'Inde et les pays du sud est asiatique. La Corée du sud est passée par un régime autoritaire durant les années soixante et soixante dix. Dans tous les cas le nouveau système a secrété des inégalités concentrant les richesses crées entre les mains d'une minorité et produisant la pauvreté (300 millions de chômeurs en Chine) Est-ce à dire que selon la formule « Bisness as usual » veut dire que l'on s'accommodera de régimes dictatoriaux issus « d'élections » et dont la revendication politique porte essentiellement sur les superstructures. Les idées et la science sont toujours dictées par les déterminations de classe. Elles sont ou bien réprimées ou bien récupérées au service de la classe dominante qui les façonne à son usage pour les monopoliser. C'est dans ce cadre que l'on peut analyser l'évolution des pays arabes empêtrés dans des problèmes d'identités qu'ils abordent sous l'angle des idées ignorant ces conditions ce n'est pas la démocratie qui résultera de ces mouvements mais la gestion du nombre pour le compte d'un capitalisme étranger et soucieux de ses intérêts pétroliers

Chapitre XXII

LE DECLIN DE L'EMPIRE ?

Les USA sont un pays qui ne peut se déterminer sur les principaux choix proposés par les candidats à la présidence à un point tel que le vainqueur l'emporte à quelques voix si tout compte fait il n'est pas déclaré élu par la justice. Voila les conséquences du néo libéralisme qui ne cherche que le consensus pour sauver le capitalisme et son apparence politique Le sauvetage s'effectue régulièrement par une remise à flot sous forme d'aides de l'état a l'occasion de crises cycliques ainsi tous les dix ans les citoyens voient leur "poches se vider" par impôts nouveaux pour soutenir les différentes institutions du capital A ce point de vue le capitalisme est une forme d'organisation de l'économie qui cache les flux monétaires qu'il génère dont l'un d'entre eux provient de l'état. Et pourtant l'on entend régulièrement les récriminations du capital qui ne peut se résoudre à "voler" de ses propres ailes sans l'aide publique car prétend-il, il ne peut affronter la nouvelle donne. Et l'on découvre alors les "entraves" du cout du travail. Mais comme en économie l'analyse causale n'a pas de fin les délices de l'inflation sont redécouverts comme moyen d'éteindre la dette.

Une réflexion qui mérite votre attention !

Le règne du dollar américain touche à sa fin ?

Tandis que la dette américaine continue son accélération pour atteindre pratiquement 5 300 milliards de dollars, l'indice mesurant le poids du dollar dans le commerce par rapport aux autres plus importantes devises, le TWEX, va tester son plus bas historique.

Cela pourrait bien signifier la fin de la prédominance du dollar dans le système monétaire mondial. En étant la principale monnaie de facturation dans le commerce international, le dollar dispose d'un crédit pratiquement illimité dans le monde entier. Le système monétaire international représente l'équivalent de 10 700 milliards de dollars, et est principalement constitué de quatre devises : dollar américain (62%), euro (27%), livre sterling (4%), yen (4%) et 3% pour toutes les autres devises.

Les énormes excédents des comptes courants ont été majoritairement réinvestis en dollars tout au long de ces dernières décennies. C'est le cas par exemple de l'Arabie saoudite avec ses pétrodollars : depuis 1975 le pétrole de l'OPEP est facturé en dollars (aujourd'hui l'Iran facture dans d'autres monnaies) ou encore des excédents du Japon et de la Chine, les deux plus gros détenteurs de bons du Trésor américain. Dans ces conditions, les Etats-Unis pouvaient acheter tout ce qu'ils voulaient, les fournisseurs acceptant le billet vert fraîchement imprimé sans aucune hésitation.

L'heure est au retour de balancier

Il semble que nous assistions maintenant à un retour du balancier avec le risque de fortes dévaluations des réserves accumulées en dollars dans le cas où le TWEX viendrait à casser son plus bas historique. Mais peu à peu les habitudes de facturation dans le commerce international évoluent et un changement s'amorce. Comme le rapporte la Banque asiatique de développement, le Conseil de coopération du Golfe prépare une monnaie unique aux six pays du Golfe, afin de devenir plus indépendant vis-à-vis du dollar.

Le Japon et la Chine se sont récemment mis d'accord sur une facturation exclusivement en yens et en yuans dans leur commerce bilatéral. Les 10 pays de l'ASEAN ainsi que les quatre pays composant les BRIC (y compris l'Afrique du Sud) sont en train de négocier le même type d'accord. Dans la Zone euro, on ne facture presque plus en dollars américains mais déjà, le plus souvent, en euros. La "royauté absolue" accordée jusqu'ici à la devise américaine avec, pour corollaire, le crédit international illimité est en train de prendre fin. Le compte courant des Etats-Unis reste toujours profondément dans le rouge avec environ 465 milliards de dollars de déficit cette année. Les créanciers étrangers commencent à douter de la solvabilité des Etats-Unis.

Par contre, la Zone euro affiche un excédent cumulé au cours des 12 derniers mois de 72,4 milliards d'euros, mais sa monnaie manque de crédibilité à cause du problème de la dette. Alors quelle pourrait être la monnaie ou les valeurs de référence pour le commerce international ?

Conclusion : la dette extérieure grandissante des Etats-Unis devient un problème pour le dollar. Sans que cela lui fasse perdre sa prédominance, cette dernière pourrait être considérablement réduite. Dans ce cas, tous les investissements internationaux devront être revus : c'est la prochaine étape de la crise financière

Chapitre XXIII

Algeria doing business selon la Banque mondiale.

Critique du rapport de la Banque mondiale sur la pratique des affaires en Algérie
Une panoplie d'indicateurs reflétant une option néolibérale mais qui peuvent aider à apprécier les réformes entreprises en Algérie. Une analyse à partir de rapports 2007/2008.

Facilité de...	Doing Business 2008 rank	Doing Business 2007 rank	Variation dans le classement
Doing Business	125	..	..
Création d'entreprise	131	119	-12
Octroi de licences	108	104	-4
Embauche des travailleurs	118	121	+3
Transfert de propriété	156	153	-3
Obtention de prêts	115	111	-4
Protection des investisseurs	64	62	-2
Paiements des impôts	157	168	+11
Commerce transfrontalier	114	122	+8
Exécution des contrats	117	120	+3
Fermeture d'entreprise	45	45	0

Remarque: Le classement de la facilité de faire des affaires de 2006 a été recalculé afin de refléter les changements de méthodologie ainsi que le l'addition de trois nouveaux pays.
Source Doing business in Algeria

Au delà des chiffres un modèle unique

A partir d'exemples caricaturaux l'on glisse vers des affirmations de principes et en même temps vers un modèle unique

Exemple caricatural ;

Pour les exemples de pays ayant pris des décisions aussi simples que celles citées pour le Rwanda, « rien à redire ». Travailler à la suppression de ce genre de lourdeurs (un seul notaire autorisé à exercer la charge) la simplification de certaines règles et procédures ne peut que rencontrer l'approbation et faciliter le climat des affaires.

2 Des conclusions hâtives qui cachent l'application d'une méthode unique
Les difficultés auxquelles les employeurs font face sont décrites ci-dessous.

Indicateur	Algérie	Région	OCDE
Indice de difficulté d'embauche	44	25,8	25,2
Indice de rigidité des horaires	60	42,4	39,2
Indice de difficulté de licenciement	40	31,2	27,9
Indice de rigidité de l'emploi	48	33,1	30,8
Coût des avantages extra-salariaux (% du salaire)	27	14,8	20,7
Coût de licenciement (salaire hebdomadaire)	17	55,6	25,7

Là où le but se dévoile, c'est lorsque l'on regarde les indicateurs retenus. Premier exemple, s'agissant de l'embauche des salariés le rapport construit un indicateur de rigidité de l'emploi.

L'on ne peut conclure et, qui plus est, classer un pays sur la base d'un tel indicateur ; selon cette méthode la « bonne pratique » des affaires sera encouragée que :si les entreprises peuvent embaucher en CDD pour n'importe quelle tâche. Et si les CDD durent plus de 5 ans, c'est bon pour les affaires. Enfin l'écart entre salaire minimum et productivité moyenne du travail doit être le plus grand, c'est encore mieux... Comment interpréter le classement d'un pays comme l'Algérie qui affiche un rang de 118 sur 175. Cela veut dire que ce pays refuse le cdd et que l'écart entre salaire minimum –productivité moyenne est réduit ou est la ligne de démarcation entre bonne et mauvaise « pratique des affaires ».

Une telle affirmation relève d'une confusion entre la flexiblité des entreprises et flexibilité du travail. « Dans le cadre du modèle du toyotisme, par exemple, on assure aux salariés un contrat de long terme, on investit considérablement en formation, ce qui renforce la productivité et la polyvalence des salariés, et ce qui garantit une très bonne flexibilité à l'entreprise » (voir notre article sur la flexibilité).

C'est en effet la même rengaine qui revient ; sont de bonnes gouvernances d'entreprises le licenciement et les contrats à durée déterminée. Une seule loi le cdd et son allongement à quatre ou cinq ans. Adieu les contrats à vie ! Il s'agira de

« courir le contrat et de passer d'un contrat à l'autre en veillant, si possible, à maintenir un certain niveau de rémunération et veiller à ne pas avoir de trop longues interruptions d'activité, sinon vous serez mal noté et, pensez un peu à votre retraite qui sera plus faible » outre le stress de l'activité présente il faut compter avec celui de l'avenir.

Cependant, un bon gestionnaire sait que la flexibilité et la compétitivité des entreprises peuvent être atteintes par différents moyens ; aussi bien décréter une seule alternative est justement contraire à la libre entreprise ; C'est d'autant plus regrettable que, paradoxalement, la pratique des affaires montre la diversité des solutions mises en œuvre par des pays capitalistes de niveau de développement comparable.

Chapitre XXIV

Actualité de l'analyse de Marx des crises cycliques

Dans le Capital, livre III troisième section (page 1026 de l'édition de la Pléiade édition annotée par Maximilien Rubel) Marx analyse les différentes étapes de la crise économique : "A mesure que le processus se développe, qui s'exprime dans la baisse du taux de profit (2), la masse de plus-value ainsi produite s'accroît immensément. Vient alors le second acte du processus. Il faut que toute la masse des marchandises, le produit total, aussi bien que la partie qui représente le capital constant et le capital variable que celle qui représente la plus-value, se vende. Si la vente ne s'opère pas ou bien ne s'opère que partiellement ou à des prix inférieurs aux prix de production, il y a bien eu exploitation de l'ouvrier, mais elle n'est pas réalisée comme telle par le capitaliste : elle peut même aller de pair avec l'impossibilité totale ou partielle de réaliser la plus value extorquée, voire s'accompagner de la perte totale ou partielle du capital. Les conditions de l'exploitation directe et celles de sa réalisation ne sont pas les mêmes; elles diffèrent non seulement de temps et de lieu, mais même de nature.
" Il l'est par le pouvoir de consommation qui a pour base les conditions de répartition antagoniques qui réduisent la consommation de la grande masse de la société à un minimum variable dans des limites plus ou moins étroites. Il est en outre restreint par le désir d'accumuler, la tendance à augmenter le capital et à produire de la plus value sur une échelle plus étendue....

Il faut par conséquent constamment élargir le marché, si bien que ses interrelations et les conditions qui les règlent prennent de plus en plus la forme d'une loi naturelle indépendante des producteurs et deviennent de plus en plus incontrôlables ...

Plus les forces productives se développent plus elles entrent en conflit avec les fondements étroits sur lesquels reposent les rapports de consommation."
Nous avons ici, résumé, le fondement de l'explication sur les conditions de réalisation de chaque crise du capitalisme ! On pourra noter à ce propos un phénomène typique de baisse relative du pouvoir d'achat depuis 30 ans (la fin des trente glorieuses et le début de l'ère Reagan et Thatcher) : en France (et dans tous les pays " développés") la part des salaires dans le produit intérieur net a baissé d'environ 10% : ce sont les profits qui augmentent.

Il existe deux secteurs fondamentaux (Rosa Luxembourg en avait introduit un troisième, le secteur militaire, pour analyser le fonctionnement du capitalisme en temps de guerre)(3) :

1/ - Le secteur de production des moyens de consommation. (capital variable).

2/ - Le secteur de production des moyens de production. (Capital constant).
La crise survient quand l'écart commence à se creuser entre ces deux secteurs (il y a

alors baisse du taux de profit car, pour une masse toujours plus grande de capital (constant) engagé, il y a baisse absolue puis relative des profits.) (Page 1031) :
« tantôt successivement dans le temps. Périodiquement, le conflit des forces antagoniques éclate dans les crises. Les crises ne sont jamais que des solutions momentanées et violentes des contradictions existantes, des éruptions violentes qui rétablissent pour un moment l'équilibre troublé. » (4)

Et un peu plus loin il ajoute : (p.1032) : « La production capitaliste tend constamment à surmonter ces limites inhérentes ; elle n'y réussit que par des moyens qui dressent à nouveau ces barrières devant elle, mais sur une échelle encore plus formidable. La véritable barrière de la production capitaliste c'est le capital lui-même ... Le capital et son expansion apparaissent comme le point de départ et le terme, comme le mobile et le but de la production ; la production est uniquement production pour le capital , au lieu que les instruments de production soient un moyen pour un épanouissement toujours plus intense du processus de la vie pour la société des producteurs ... Si le mode de production capitaliste est, par conséquent, un moyen historique de développer la puissance matérielle de la production et de créer un marché mondial approprié, il est en même temps la contradiction permanente entre cette mission historique et les conditions correspondantes de la production sociale. »
Le capitalisme est donc en permanence un mode de régulation de l'économie aux antipodes de la justice sociale et de la satisfaction des véritables besoins humains. Marx nous le démontre encore (p. 1035) :

" Tant que tout va bien, la concurrence engendre, comme l'a démontré l'égalisation du taux de profit général, la fraternité pratique de la classe capitaliste : elle se partage le butin commun proportionnellement à la mise de chacun. Mais, dès qu'il ne s'agit plus de partager le profit, mais la perte, chacun s'efforce de réduire sa quote part à un minimum et de la mettre au compte du voisin. La perte est inévitable pour la classe capitaliste. Quant à la part que chaque capitaliste doit en supporter, c'est affaire de force et de ruse, et la concurrence se change alors en une lutte de frères ennemis..."
Quels évènements peut-on indiquer pour illustrer cette lutte à mort? Encore une fois , au risque de me répéter je citerai l'affaire Madoff qui démontre à quel point la cupidité de ses clients banquiers, industriels, grands commerçants et simples particuliers ayant de la fortune et évidemment voulant la faire fructifier, a été énorme !(5)

Ainsi nous voyons sous nos yeux s'écrouler la grande aventure du libéralisme, de la mondialisation et de la main invisible d'Adam Smith, prônée par Friedman et Hayek de l'école de Chicago, qui s'est traduite par un vol et un viol gigantesque des populations de différents pays (Amérique latine, Russie, Pays de l'est, Afrique et Asie - Indonésie, Birmanie, Chine, Inde, Pakistan - etc.) Sans oublier les pays du Moyen orient : Arabie saoudite, Koweit, Doubaï, et bien entendu Palestine et Israël.

Avec récemment la guerre introduite en Irak et en Afghanistan.(6) Plus, bien sûr, la tentative en partie réussie en Europe occidentale et aux Etats-Unis de faire appliquer par les gouvernements les principes du "tout pour le marché"...(7)

Notes

(1) Dans cette phrase capitale Marx va beaucoup plus loin que simplement la satisfaction des besoins humains : on peut dire , si on la prend dans un sens écologique , qu'il faut de toute urgence arrêter la folle augmentation de l'espèce humaine en développant partout la contraception et bien sûr le droit à l'avortement . Il faudra aussi créer les conditions (les motivations) pour que les populations recourent à ces droits.

(2)La baisse du taux de profit : elle n'est que "tendancielle" et pas absolue, elle est le plus souvent "relative". le taux de profit ne baisse que durant les périodes (parfois très longues) précédant les crises, pour remonter ensuite . On peut dire ainsi que tant que dure le capitalisme, à certains moments le taux de profit diminue pour remonter durant la phase ascendante... et diminuer pendant la phase suivante. Rappelons ici que pour obtenir le taux de profit moyen sur un an on prend le bénéfice net annuel rapporté aux matières premières et au capital fixe consommés en une année auxquels on rajoute le montant des salaires versés durant l'année .

(3)Rosa Luxembourg : l'accumulation du capital.

(4)Voici une note relevée dans Internet sur le système Ponzi appliqué par Madoff : "Un ponte du système financier Américain arrêté par le FBI, pour avoir monté, via un système financier lié aux Hedges Funds, une gigantesque arnaque financière plus connue sous le non de son découvreur escroc, un italien au début du 20 siècle, Ponzi. En France, plus connue sous le nom de "arnaque à la boule de neige". Rémunérer des épargnants à des taux mirobolants, avec l'argent des futurs emprunteurs, en gardant secrète la technique, une course en avant jusqu'à la culbute. Celle ci s'est achevée avec fracas : le montant des pertes record est de 50 Milliards de dollars ." Selon une information diffusée le 13/3/09 le montant des pertes serait en réalité de ... 65 milliards de dollars !

(5)A ce sujet il est certain que les affirmations de I. Wallerstein qui prévoit que la crise actuelle signifiera « la fin du capitalisme » sont incertaines : ce pourrait être aussi une fin dictatoriale, sanguinaire, marquée par un développement de la population, un manque de subsistances pour les nourrir toutes, un manque d'eau consécutif à une désertification forcée d'une grande partie de l'univers ... On lira également à ce propos "La stratégie du choc" de Naomi Klein - paru chez Actes Sud en mai 2008 - qui montre politiquement comment l'école de Chicago animée par Milton Friedman et Hayek, s'est comportée dans le monde, à commencer par le Chili en 1973 et la chute du président Allende ...

(6)Peut-être que les grandes puissances s'imaginent aujourd'hui que la guerre d'Irak et surtout celle d'Afghanistan (qui touche maintenant le Pakistan) constitueront un palliatif à la crise ?

(7) Lire à ce sujet (ouvrage cité) « La stratégie du choc » de Naomi Klein.

Chapitre XXV

Structures permanentes et Histoire : réflexions libres sur l'Algérie

L'histoire est, notamment, la science des faits et de leur chronologie ; c'est la vie des peuples et de leur civilisation. Plus spécifiquement, c'est, à partir de l'histoire, que l'on peut comprendre comment le pouvoir et la société se sont organisés ; selon quels principes, quelles lignes de force et quelles logiques et finalités, ils se sont structurés et, enfin, quels sont les axes d'évolution pour l'avenir. Tâche encore possible dans la mesure où il s'agit d'un pouvoir qui s'est « cristallisé » dans des conditions exceptionnelles ; une guerre de libération nationale, dans une distance historique à perspective humaine. Mais aussi, tâche sans cesse remise en cause par des luttes partisanes et où l'événement instantané voulait admettre que l'indépendance devait assumer la colonisation, tout comme Robespierre fut l'héritier de Louis XIV, Staline celui de Alexandre Newski, et tout comme l'Allemagne, à travers le D.M. (Deutschemark) et l'Euro a retrouvé pacifiquement un espace,(vital ?), après trois guerres dont deux furent mondiales !

Le fil conducteur est le maintien d'une logique de pouvoir et l'échec des tentatives de réformes impliquant, volontairement ou non, un abandon de cette logique. Par logique de pouvoir l'on entend les facultés à « intégrer » les différentes forces qui commandent et renforcent la capacité de résistance d'une nation aux remises en cause permanentes et multiples, parfois violentes, mais plus souvent imperceptibles et qui sont dues, tant aux évolutions du lien social, qu'à la division internationale du travail. Un phénomène de quasi-scissiparité des nations est en cours, depuis plusieurs décennies, par pression interne et externe. La division manichéenne du monde l'avait occulté, au point de faire perdre de vue l'une des finalités essentielles d'un pouvoir. Le cas yougoslave en est l'une des illustrations. Création artificielle fondée sur une résistance à l'envahisseur nazi qui s'est prolongée dans la résistance idéologique à l'URSS, ce pays retrouve, dans la douleur et les souffrances, des clivages vieux de trois cents ans.

Les capacités de résistance auxquelles l'on s'attache, sont donc conçues, ici, dans un sens dynamique, c'est-à-dire, comme une faculté d'insertion à l'intérieur d'un grand mouvement dans lequel l'enrichissement s'effectue par l'échange, tout en préservant l'identité et la durée de l'être.
L'une des illustrations les plus frappantes de cette logique de pouvoir fut celle qui a animé la République de Venise et son Doge lors de la quatrième croisade et la prise de Constantinople au XIIIème siècle : le profit et l'honneur de la République, logique du pouvoir, l'on conduit à animer la Croisade sans confondre ses intérêts avec ceux des autres puissances chrétiennes et ainsi créer son empire colonial en terre d'Islam.

Les luttes des hommes qui se déroulent dans et pour le pouvoir, en Algérie, sont comme les manifestations de battements vitaux de cette dynamique de durée. Les idéologies et les motivations apparentes de ces luttes, n'ont d'intérêt pour le pouvoir, pendant longtemps encore, que dans leur rapport à cette dynamique.

Etre avant tout au point de convergence de différentes approches, les contenir toutes sans se confondre avec elles, et « par une main invisible », ne laisser aucune devenir la source exclusive de son inspiration ; n'est-ce pas ce qui fonde, à la fois, la logique, l'essence et la pérennité de tout pouvoir et qui, en définitive, garantit celle du lien social ?

En Algérie, l'histoire montre que « le pouvoir » au sens de ses fondamentaux n'est plus à définir! Car le système est conçu pour durer, non par la volonté des hommes mais par un consensus conscient de la société.

Il a débuté ainsi : à une Algérie multi-partisane des années 30 et 40, a succédé un système politique que de jeunes révolutionnaires, au sens littéral, ont fondé sur le principe d'une direction politique qui écarte le leadership d'un seul.

Depuis, une foule impressionnante d'hommes ont approché le pouvoir et y ont participé. Que, dans le court terme, c'est-à-dire pendant leur passage aux affaires, ils occupent totalement le champ de vision, très vite, lorsqu'on repousse la période d'observation, on s'aperçoit qu'ils ne font qu'assumer (malgré ou bon gré) la même mission.

Il en résulte bien, qu'en Algérie, depuis le 1er novembre 1954, le pouvoir n'est plus à prendre, c'est-à-dire que, sur l'essentiel de sa logique de vie, il n'est plus à faire.

Affirmation paradoxale si l'on ne voit que les luttes partisanes des hommes et l'inefficacité relative de l'Etat ; conclusion acceptable lorsqu'on constate que ni la guerre ni les crises n'ont ébranlé le cœur de cette logique.

La science économique permet de comprendre les mobiles des groupes engagés dans l'activité de production et d'échange. La science politique permet de comprendre les motivations d'une élite dans la conduite des affaires touchant la majorité et en particulier ce qui fait l'essence du pouvoir et sa durée. Mais aucune science n'est à même de répondre, à elle seule, des phénomènes qui animent les mouvements du pouvoir. Car, comme le souligne M. Raymond Barre à propos de l'analyse causale : « Aucun moment du temps n'est premier. Dans la chaîne sans fin des causes et des effets, pourquoi s'arrêter, lorsqu'on s'efforce de dégager les antécédents d'un événement, à un fait d'ordre économique ? Aucun fait n'est isolé de ceux qui l'ont précédé ou de ceux qui l'accompagnent. » [1]

Privilégier un fait dans l'étude des crises en Algérie tels que la dette extérieure ou sa faible performance agricole, c'est atrophier la réflexion en la focalisant sur un facteur que l'on érige en cause dirimante et passer sous silence les mouvements de longue durée qui, au-delà de l'économie ignore le poids d'autres facteurs tels celui de la montée d'une nouvelle puissance en Méditerranée occidentale.

De même, s'interroger sur les risques de guerre civile c'est ignorer l'absence d'affrontements au sein de l'armée qui, à l'exception de deux brefs épisodes, en 1962 et 1967, a su préserver l'unité essentielle qui, en d'autres temps et en d'autres lieux, et dans des conditions moins difficiles, a volé en éclat.

André Gide dans son « Journal des faux – monnayeurs » notait qu'il recherchait : « Ce qui s'inscrit en deçà des évènements ». C'est à cela que je souhaite avoir contribué en analysant aussi objectivement que possible ce mouvement, non apparent, de continuité et d'efforts sans cesse accru, d'un peuple pour conforter sa vérité personnelle et que les luttes pour le pouvoir et son exercice partisan ont trop souvent obscurci.

Cette même vérité mille fois répétée et que beaucoup croient dépassée en raison de sa répétition et qui, paradoxalement, tire de cette répétition même son renouvellement et son harmonie ; telle la phrase musicale du Boléro de Ravel.

Publié sur over-blog en juillet 2007

[1] Raymond Barre, Economie Politique, Presses universitaires de France 1983 p. 29.

Première conclusion :

Un dialogue social qui exige des réformes continuelles et « cent fois sur le métier de remettre son ouvrage »

Vous avez dit transfert de technologie !

L'efficacité et la compétitivité sont des termes synonymes d'économies développées, ouvertes sur un monde mais qui refuse tout partenariat qui ne lui permettrait pas de conforter ses principes de suprématie et de domination ; que d'accords de transfert de technologies ont été passés sans résultats significatifs. Aussi que l'on cesse de nous dire que la Chine communiste « s'est réveillée » grâce à l'ouverture. Les investisseurs capitalistes s'y précipitent car ils n'ont pas d'autres choix que d'y aller, sinon ils perdent un marché solvable face à leurs concurrents et un Parti unique qui anime et contrôle la société et l'économie.

Le partenariat est de plus en plus synonyme de contrats léonins et d'éradication des infrastructures industrielles des pays en développement au profit d'échanges matières premières contre produit finis ;(échange auquel la Chine contribue, au grand dam des investisseurs qui voient d'un mauvais œil l'arrivée de ce nouveau géant qui vient leur « tailler des croupières »)

Il ne reste plus qu'un secteur dans lequel le néolibéralisme pur et dur n'a pas dit son dernier mot. Ce secteur est appelé, avec une condescendance qui cache un embarras certain, celui du social. Il a toujours été en vérité l'ennemi redouté du capitalisme de sa naissance à nos jours. « Le social » s'est construit et continue de se construire dans les luttes dont la plus historique en Algérie fut celle de l'indépendance.

Car au fond qu'est ce que le social si ce n'est la prééminence de l'être sur l'avoir. C'est aussi le refus de consacrer l'Argent comme une fin ; c'est une lutte pour qu'il ne soit qu'un moyen au profit d'un développement humain. C'est transformer « l'idéal » de consommation matérialiste, en consommations collectives utiles. C'est la lutte contre les inégalités et des règles de droit qui équilibrent les rapports entre travail et capital.

Les «experts » ont beau jeu de dénoncer benoîtement les excès d'intervention de l'Etat dans, et sur, le marché faussant les règles de la concurrence. Moins d'Etat et moins de droits et de réglementations et l'emploi vous sera offert de surcroît.

L'Etat et le «social » sont les facteurs déterminant d'un trouble obsessionnel compulsif du néo-libéralisme ! Après, bien entendu, celui de la "rente" pétrolière.

La mondialisation est-elle le triomphe d'une politique ?

Enferrés dans des problèmes dépassés d'identité, les partis politiques actuels en Algérie ne permettent pas d'engager un débat éclairé et citoyen sur cette question. La recherche d'un consensus mou semble être leur seule préoccupation. Mais quel intérêt représentent –ils ? Nul ne le sait ou feint d'ignorer! C'est la « fin de l'Histoire » : Pas de gauche, ni de droite et donc de classes sociales ; Tous unis dans un même combat : Celui de l'économie de marché sur laquelle chacun surenchérit. L'essentiel est dans le marché comme moyen et comme fin.

« La diplomatie des lacs », selon la belle expression de R. Debray, celle du consensus mou envahit le langage de nos partis politiques qui regrettent, paradoxalement, que la croissance soit molle. Quel consensus peut s'établir dans une société, alors que celle ci laisse se développer de telles tensions déjà existantes ou potentielles ?

Il faut à présent regarder la réalité en face. Tant que l'on niera ces clivages d'intérêts de classe, tant que «les partenaires sociaux » se paieront de mots en prenant les images projetées comme la «vérité » révélée d'un vrai capitalisme créateur de richesses il ne saurait y avoir qu'un marché de dupe. Le « cercle de la collusion »que Pierre Bourdieu a décrit, est alors instauré pour longtemps et c'est la reproduction d'un système bureaucratique d'accaparement d'une rente pétrolière gaspillée ou dilapidée « démocratiquement ».

L'expérience de l'exercice de la démocratie mérite amplement que tous lui accordent une attention particulière. Sans démocratie le social n'est que corporatisme. Sans démocratie la croissance ne peut être socialement harmonieuse et équilibrée.- Dans cette phase, où le flou règne entre les différents classes et groupes sociaux, que peut l'Etat ?

Les règles portant définition de déclaration de partis politiques méritent d'être mises à jour à la lumière de la pratique ; Que chaque parti soit reconnu sur son adhésion aux valeurs républicaines telles que définies par la constitution ; Que sa base sociale et son implantation territoriale nationale soient sanctionnées en fonction des résultats électoraux. Ce sont là des éléments minimaux et qui peuvent donner lieu à un débat national.

L'Etat doit poursuivre ses missions et améliorer ses structures car il doit répondre aux attentes sociales. Pour ce faire, seul un Etat fort et éclairé est le défenseur des citoyens vulnérables et dont le nombre risque de grandir avec l'ouverture à la compétition et l'adhésion à la zone de libre échange européenne et à l'OMC. Cette réalité sociale appelle deux axes fondamentaux d'actions politiques.

1- Un vrai dialogue social et politique fondé sur la conscience de classe de chaque partie et que cessent les faux consensus qui ne font qu'enrichir certains et qui aggravent les inégalités. Tout particulièrement, le problème de la redistribution de l'argent est au centre du débat car le mode de redistribution est déterminé par des mécanismes sociaux et économiques.

2 Un Etat fort et intelligent - dans le sens de mieux informé- véritable arbitre de l'intérêt général. Que cesse par ailleurs la confusion et que chacun reste à sa place sociale et l'assume pleinement.

Un Etat, au service de tous, qui veille à organiser des services à même de répondre garantit les besoins essentiels, une vie décente par un travail décent et digne, les droits à une instruction de qualité et à une formation, à un niveau de santé amélioré et non régressif, un logement décent et un accès à l'eau.

Il faut, pour cela, une politique sociale à même d'assurer la régulation au jour le jour des tensions sociales et de doser les interventions de l'Etat en fonction des nécessités de l'économie. Les outils en sont le vote éclairé par un vrai débat parlementaire d'un budget, des plans de relance de la croissance articulées plus clairement tant avec l'emploi et la lutte contre les inégalités qu'avec des réformes touchant l'amélioration du niveau de vie ; des indicateurs d'impacts et de changements attendus étant là pour éclairer le débat social.

L'art de la politique sociale conjoncturelle consiste dans un savant dosage des satisfactions accordées aux diverses classes et catégories sociales, les échéances électorales ayant un rôle certain quelque soit le pays.
Une opinion mieux informée est le gage de la stabilité, l'existence d'une opposition consciente des intérêts de sa classe et d'un syndicalisme fort qui défende tous ceux qui n'ont que leur force de travail et un emploi pour vivre, par la lutte pour l'Emploi décent, contre la dégradation du niveau de vie, la lutte contre l'appauvrissement et le déclassement social

Un vrai dialogue social exige une politique sociale, des instruments, des acteurs et des agents et enfin une opinion éclairé et sûre d'être informée correctement. Le pouvoir politique se doit d'avoir un dessein social, mais ce dessein ne peut s'accomplir sans des perspectives à moyen et long terme. Mais peut-on planifier le domaine social sans un Plan tout court. Ceci est une autre histoire politique et sociale et le début d'un nouveau trouble obsessionnel compulsif pour le néo libéralisme. L'économie de marché ne fait pas de place aux plus faibles d'une part et d'autre part tend à augmenter leur nombre par un processus de paupérisation continue. Pris entre l'exigence d'une démocratie et des aspirations de la classe laborieuse l'Etat se doit non seulement d'être le garant de la démocratie politique (pouvoir du peuple); mais aussi l'arbitre entre les intérêts contradictoires que fera apparaître la démocratie politique. Autrement dit une démocratie sociale. Cette démarche exige une reconversion des esprits et du rôle de l'Etat en vue de la mise en oeuvre d'un contrat social vrai fondé pas seulement sur un dialogue entre les agents économiques mais encore sur les règles de ce dialogue et de son impact réel sur le partage des fruits de la croissance ou de la répartition équitable de l'austérité le cas échéant
Ce sont là quelques réflexions que nous inspirent le contexte international et au delà de l'amertume face aux dégâts causés aux peuples par la crise je souhaiterai, cher lecteur, vous demandez un instant de recueillement à la mémoire des innocents qui a travers le monde sont morts victimes innocentes d'une logique de guerre économique qui ignore volontairement les coûts humains et qui remet en cause les acquis sociaux

le dialogue social et la démocratie.
C'est ce que l'on appellera la tentation despotique

Lors du sommet d'Alger des non alignés en 1974, les pays du Sud avaient insisté sur la dimension suivante : Le message était on ne peut plus claire. Les problèmes de développement, de démocratie et de progrès humain ne peuvent être abordés en faisant abstraction de l'évolution des rapports internationaux . La complexité de ces rapports postule une concertation permanente et constructive au service de la paix et du développement dans le monde. Elle nous impose, à tous, des efforts permanents dans la recherche des voies et moyens de réduire les difficultés et les incompréhensions dans le seul objectif est d'améliorer les conditions de vie et de travail des citoyens.

Cette quête de solutions novatrices dans la résolution des problèmes d'ordre économique et social devait privilégier la confrontation des idées et l'échange de points de vue entre l'ensemble des acteurs économiques et sociaux sans exclusive.
Ce même sommet recommandait déjà un nouvel ordre économique international. Ce nouvel ordre, hélas, se met en place, sans les peuples et finalement contre eux, et ce n'est pas faute de nous être engagé pour faire entendre la voix des humbles des exclus et des marginalisés. Certes nous avons commis des erreurs, certes la démocratie tarde, certes la bonne gouvernance a manqué dans tous nos pays, certes nous nous sommes endettés au-delà de nos possibilités, mais en même temps nous avons remboursés trois fois le capital de notre dette. Nos erreurs sont celles liées à notre développement planifiés tant recommandé par la Banque Mondiale prise dans une frénésie d'endiguement du communisme, l'émergence d'une nouvelle gouvernance des peuples est devenue secondaire par rapport à cet endiguement.

Mon propos n'est pas une récrimination mais de faire appel à la responsabilité de l'humanité devant les injustices flagrantes qui se nomment sous développement, faim malnutrition et mal développement, chômage, guerre civile et conflits internes, vente d'armes à des dictatures et à des dirigeants sortis certes des urnes mais dont la volonté affirmée d'étrangler la démocratie qui leur à permis d'apparaitre. Cela ne vous rappelle rien ?

Le bilan de la période écoulée devrait servir de plan d'action pour évaluer les efforts à entreprendre, afin que la faillite de toutes nos économies et les souffrances endurées pendant ces quarante années, n'aient pas été vaines.
Le nouvel ordre international ne peut être que positif, puisqu'il est fondé sur les principes de désarmement et du règlement pacifique des conflits ! Mais sa dimension économique demeure incertaine, tout au moins pour ce qui concerne l'avenir des pays du Sud.

Si tel est bien le cas, et si les conférences régionales qu'ils supposent ont véritablement lieu, la prochaine étape devrait être celle de la solidarité de l'humanité pour lutter contre toutes les formes de sous-développement qui, après les dictatures et les démagogies déguisées en expérience pseudo-libérale, sont le challenge du présent siècle.

L'on peut raisonnablement croire que le mouvement est à présent lancé. Les économies des pays en développement sans exception, en raison de leur faillite, sont mises sous tutelle d'institutions internationales. Les pressions pour la libéralisation politique sont de plus en plus fortes et gagnent, nettement, du terrain.
Quel avenir pour les relations économiques internationales ?

A l'aube des démocraties sur le continent africain, il y avait pour la seule Afrique subsaharienne 185 millions de personnes qui n'avaient pas 370$ de revenu annuel. Dans dix ans ce chiffre aura augmenté de 85 millions.
Je me suis efforcé de rechercher les causes de cette pauvreté sans démagogie, ni complaisance à l'égard de ceux qui ont contribué à la chute du monopole du pouvoir dans les pays du continent africain ceux issus des « printemps dits arabes ». Dans dix ans ceux qui subiront la fatalité de la pauvreté n'auront que mépris pour les régimes démocratiques, comme ceux qui, aujourd'hui, n'ont que haine contre les anciens dictateurs.

Il est grand temps de relancer le débat « Démocratie et Développement » si l'on ne veut pas voir la démocratie naissante dans un certain nombre de pays du Sud, dégénérer en alibi au retour de forces rétrogrades fondées sur les gagnants cosmopolites du commerce extérieur et qui, cette fois-ci, auront, pour elles, la légalité démocratique à défaut de légitimité.
Si le nouvel ordre international n'est qu'une succession de conférences sur le désarmement et le redécoupage des zones d'influence, il décevra les espoirs que les intentions affichées par les pays du Nord ont fait naître dans les générations des indépendances et dans celles d'aujourd'hui.

Comment concilier le NOI la démocratie et le développement ? Tel est le chalenge de notre génération, car ainsi que le notait mon compatriote Franz Fanon dans les damnés de la terre et dont les analyses percutantes demeurent justifiées 50 ans après « chaque génération doit, dans une relative opacité, rechercher sa mission la remplir ou la trahir »
Les ressources naturelles qui ont fait l'objet d'une appropriation coloniale directe, pendant un siècle et demi, puis dont l'exploitation a été déléguée, par procuration à des ETATS « souverains », ne pourront plus, dorénavant, être gérées par ces mêmes Etats. Aucune interférence entre les problèmes internes de ces Etats et ces ressources ne pourra être tolérée.

La loi de l'offre et de la demande des marchés libres s'appliquera exclusivement à elles. Pour ne pas entraver cette loi, ces ressources font dorénavant l'objet d'une surveillance militaire directe au nom du libre approvisionnement d'un monde fondé sur la libre entreprise, l'économie de marché et enfin toujours au nom du LIBERALISME.

« Les élites » qui ont adhéré avec conviction et même militantisme, dans les années quatre-vingt, à ce credo, n'ont plus, à présent, que les mots pour dire la détresse des peuples.
En second lieu, la fin des idéologie a été très pratique pour faire liquider en douceur et profondeur les deux autres idéologies. Mais il ne faut pas s'y tromper, le néo libéralisme ne n'est pas un produit d'exportation dont la consommation est à la portée de tous.
« L'Empire américain », qui, d'ores et déjà, a les dimensions de la planète, n'a plus besoin de cet attirail. Ses préoccupations ont pour nom : exploitation des ressources de la terre et évolution de l'humanité.

Notre chance, pour l'instant, est que l'Histoire ne se répète pas et si c'est le cas, généralement elle bégaye : aussi nous ne pouvons plus que croiser les doigts pour qu'un dérapage ne se produise pas.

En troisième lieu, si les grandes puissances le veulent, et tout porte à croire qu'elles le veulent, les grands ensembles régionaux organisés vont voir le jour très prochainement. Les années 90 ont été celles de la résurrection de l'ensemble européen, qui s'est fait dans la guerre et dans un cadre atlantique ; Saddam Hussein a donné le coup d'envoi d'un ensemble que l'on peut hésiter à considérer comme arabe, mais plutôt comme proche-oriental.
Le schéma appliqué à l'Europe verra peut-être le jour mais aucune entité ne sera plus en mesure de se prétendre bras séculier américain pour le contrôle des ressources en hydrocarbures jusqu'à nouvel ordre.

C'est ce nouveau contexte, que les guerres du Golfe ont consacré, qui situe les marges de manœuvres de ceux qui sont persuadés que l'instauration de la démocratie résoudra les problèmes du sous-développement.

Dictature et démocratie sont elles condamnées à jouer l'alternance ? Des études comparées entre les deux systèmes ont été menées notamment dans le rapport BIRD 1991 et du PNUD sur le développement humain 2002 montrent que pour la conduite des programmes d'ajustement du FMI au regard d'indicateurs tels que déficits, dépenses publics stabilisation, les résultats sont en faveur des régimes autoritaires. Constat paradoxale que la corruption se parait du voile de l'austérité ct de l'intérêt national.

La survie de nos peuples ne dépend plus exclusivement d'eux et le monde a besoin d'une paix durable pour se développer dans une perspective de solidarité et non d'hégémonie unipolaire.

Je suis persuadé que cette même voix des humbles, des pauvres, des exclus, sera entendue car c'est de notre devoir de les faire entendre si l'on ne veut pas qu'ils passent par d'autres chemins. Car si les nationalismes, mâtinés de préoccupations sociales qui se présente aujourd'hui en Europe, comme l'alternative à un pouvoir qui s'étiole, persiste dans ses vociférations contre l'étranger l'Arabe le noir ou le jaune c'est-à-dire à jouer aux brigades de « Sauvegarde et de Survie » rappelant de fâcheux souvenirs ;alors la bête immonde du racisme relèvera sa tête hideuse et les « démocrates » comme à Munich en 1939 ne pourront plus dire je ne savais pas.

Quelques pistes de recherche

Dans l'exemple algérien, la crise sociale dont certains analystes ont trop vite conclu à la recherche d'un nouveau consensus de société et dont la cause serait due, principalement, aux échecs et aussi à la faiblesse des institutions chargées d'animer la cohésion sociale. Dans ce dernier cas, il s'agit d'abord et paradoxalement du Parti unique.

La réalité est tout autre car le Parti était sans responsabilités décisives

Il faut en finir avec le mythe du Parti unique en Algérie.
Le pouvoir n'a pas pour origine un parti et celui-ci n'a pas eu d'influence sur lui. Dans ce contexte le FLN, à qui l'on prête beaucoup, ne semble pas avoir eu de grandes responsabilités et par là même est en partie responsable de la crise actuelle. Il faut savoir, en effet, que le FLN après l'indépendance n'a été légalement au Pouvoir, qu'avec M. Benbella, de 1963 à 1965, puis avec M. Chadli de 1979 à 1989, soit 13 ans sur une période de 32 ans. L'on a même connu des responsables politiques et des ministres n'ayant jamais été au FLN ou qui, en 1979, étaient devenus membres du Comité Central du Parti, sans jamais militer dans une cellule.
Par contre, il fut longtemps difficile et exceptionnel de devenir responsable ou ministre pour ceux qui ont eu vingt ans en 1958 et qui n'ont pas milité dans le FLN pendant la lutte de libération.

Ce n'est que le 24 décembre 1980 qu'il a été fait obligation aux cadres (organisations syndicales, de femmes et de jeunesses, aux représentants élus) d'adhérer au FLN. Etrange système d'un parti unique qui découvre que le pouvoir et les institutions politiques sont gérées par d'autres que ses militants organisés.

Sur un plan purement constitutionnel, les responsabilités politiques dans la conduite des affaires ne peuvent être imputées au FLN que pendant la période susvisée. Aucun homme au pouvoir n'a cherché à irriguer la société algérienne d'une pensée politique par l'intermédiaire du parti. On en a prêté l'intention au président Boumediene. Avec M. Chadli, le décalage entre la pratique politique du pouvoir et la doctrine était tel que le message véhiculé par le FLN a provoqué des phénomènes de rejet. La cohésion sociale, depuis 1962, ne doit rien au FLN, parti unique, peut-être parce que la forme d'organisation du pouvoir n'en avait pas besoin.

Cela étant, le nationalisme algérien, qui est, avant tout, la volonté tendue vers l'affirmation de l'Etat et de la nation comme objectif essentiel, implique une dynamique de cohésion sociale, une puissance économique qui serve à la fois l'intégration politique et la cohésion sociale.

Chacun de ces facteurs a subi des mésaventures dont l'impact sur ce but primordial devient, à présent, plus évident. Le système de pouvoir a souffert d'avoir laissé dévalorisé progressivement, à partir de 1976, l'analyse politique, sous-estimant le poids de la démographie sur ces racines mêmes. Enfin, de façon similaire, la finalité économique a été perdue de vue. Les messages provenant de la société se diluent, quant à eux, en chemin, rendant urgent la nécessité de réhabiliter les fonctions d'intégration de l'Etat. Telles sont les principales questions de principe sans cesse remises en question.

Démographie et cohésion sociale

Les caractéristiques démographiques de la population algérienne sont telles, qu'elles ont submergé les institutions de la cohésion sociale, les obligeant à répondre aux besoins du court terme. Mais en même temps, l'art et la culture qui auraient pu offrir des repères et encourager les initiatives individuelles, se sont anémiés.

- Une cohésion sociale asphyxiée par le nombre :
La population algérienne doublait tous les vingt ans environ ; de 8,5 millions, en 1954, elle passe à 16,5 millions au recensement de 1977, pour atteindre 26,5 millions en 1993 et 35 millions en 2013. Selon les différentes études, cette croissance démographique est liée directement à l'amélioration spectaculaire des conditions de vie, réduisant de façon substantielle la mortalité infantile et améliorant l'état de santé moyen (2,2 lits d'hôpitaux pour cent habitants, un médecin pour mille habitants). Mais de tels indicateurs ne sont pas significatifs, notamment au regard de la mortalité infantile qui reste encore importante, de l'existence de certaines maladies transmissibles, et, enfin, de l'incohérence, aggravée par le manque de performance, de l'infrastructure hospitalière et médicale.

Le taux d'accroissement naturel a varié entre 3,2 et 3% pendant la période 1962/1999. L'Algérie voyait s'accroître sa population, chaque année, de près d'un million de personnes. Population jeune, dont près de 60% a moins de 20 ans, urbaine à 71%. Sa croissance rend insoutenable, dans les conditions de gestion, les efforts déjà consentis en matière scolaire, de logements et d'emplois. C'est l'expression la plus frappante des tendances négatives citées plus haut : l'amélioration substantielle des conditions de vie après l'indépendance au lieu de diminuer la natalité, l'a encouragée. Quant à l'Etat au lieu d'adapter ses méthodes de gestion au nombre, il les a poursuivi à l'identique, privilégiant la performance quantitative sur la qualité de son service.

La famille algérienne s'est caractérisée par une évolution vers une fécondité quasi naturelle. Faites des enfants, la collectivité semble disposée à s'en occuper ! L'Etat peut tout et dit tout faire. Conjonction entre une tendance vitale et une théorie politique. L'étatisme tant décrié est, avant tout, l'allié de la démographie incontrôlée. Néanmoins, cet étatisme a permis, aussi, d'améliorer l'accès à l'eau potable – 60% des logements y étaient raccordés – à l'électricité pour 80%, et à la communication pour 75% des ménages qui disposaient d'équipements TV et radio.

La population active est passée de près de 3 millions en 1977 à 5,9 millions en 1990. Près de 250 000 personnes se présentent chaque année sur le marché de l'emploi ; le taux de chômage étant établi, en 1994, autour de 25% de la population active soit près de 1,5 millions de personnes.

Une telle croissance entraîne, dans une situation d'inefficacité économique, et d'inadaptation des méthodes de gestion, une recrudescence des mouvements migratoires vers l'étranger, en particulier, pour les cadres diplômés et expérimentés, dont le nombre, par suite des politiques successives, atteint selon certaines estimations, 90.000

La demande potentielle de logements était évaluée à un peu plus de 300 000 annuellement, sur la base d'un taux d'occupation de 6 personnes par logement. En 1980, un expert algérien déclarait à un séminaire sur l'habitat : « Pour maintenir à son niveau actuel le taux d'occupation de logements, l'Algérie devra produire 2 millions de logements ; exactement le parc immobilier actuel de l'Algérie. Autrement dit, Alger plus Oran, plus Annaba, plus Constantine, Jijel, Tablat, et la plus petite bourgade du Sud, c'est deux millions de logements ; par conséquent c'est une autre Algérie qu'il faudrait construire, ce qui est différent de deux millions de logements à Bachdjarah, Garidi (39) ; la masse de béton sur les terres fertiles de Mitidja et toutes ces cités dortoirs qui viendraient camper autour des grandes villes ». Le journaliste poursuit : « Nous avons en 1994 une idée plus précise des choix inverses des idées de notre urbanisme, qui ont été retenus alors. Nous en payons le prix fort. »(40)

Encore un effort détourné de sa finalité initiale ! Exemple frappant du développement contrarié dans l'espace et qui fait douter de l'effort pourtant remarquable qui a été consenti. Il en est de même pour le secteur éducatif.

Société de marché et économie de marché

Cette réflexion a permis de mettre l'accent sur une contradiction entre « la société de marché » et une « économie de marché » objet d'engouement et de sacralisation dans laquelle l'ETAT est réduit à une fonction de spectateur s'effaçant devant le « laisser faire et laisser passer »néo libérale.

---

39 Quartiers d'Alger.

40 Hamid Aberkane in El Moudjahid du 6 juin 1994, p32.

L'on retiendra les points suivants

1.L'Etat doit retrouver sa dynamique d'impulsion et de régulation d'un marché et avant tout celle de planification de l'économie qui doit servir une vision politique au sens noble du terme ; ce n'est pas la nostalgie d'un « âge d'or » tel que celui décri dans la charte nationale de 1976 mais une analyse objective des possibilités d'un système alternatif à la « société »de marché par une société fondée sur l'équité dans la redistribution des richesses créées et dont les bases sont garantis par un ETAT et un pacte national de croissance.

En effet, le marché est ce qui permet par un système de prix d'organiser, d'un côté la rémunération des facteurs de production, de l'autre la circulation des marchandises le tout étant guidé. Dans la société concrète, il existe une répartition secondaire, chacun versant un impôt sur ce qu'il reçoit directement comme droit au partage et recevant ensuite des droits en quelque sorte à une part de cet impôt.

Devant la prolifération des formes atypiques d'emploi tel le travail au noir, ou le marchandage l'accent doit être mis sur l'intervention de l'Etat comme régulateur du marché et surtout que ces formes ne soit pas légalisées par un code du travail nouveau ; car la tendance de l'économie de marché est à une vision contractuelle de la relation de travail excluant l'intervention de l'administration du travail. Au vrai, tout se passe comme si les rapports contractuels étaient sur un pied d'égalité ; fiction d'un droit du travail néo libéral

Le néo libéralisme est contre un code du travail qui serait protecteur pour une des parties. Par la même occasion il se débarrasserait de toute vision protectrice des travailleurs consacrant en même temps la réduction du rôle du syndicat dans les conventions collectives.

La prolifération du phénomène du travail au noir et l'utilisation du travail salarié dans des conditions qui ne tiennent pas compte des prescriptions légales impératives, malgré les mises en demeure des agents de contrôle, met au jour la nécessité d'un renforcement des moyens d'intervention de l'inspection du travail. Dans cet esprit une attention particulière doit être accordée aux pouvoirs de l'inspecteur du travail face aux cas de violations de dispositions impératives des lois et règlements, ainsi qu'au régime des pénalités qui mérite d'être actualisé, les montants en vigueur ayant perdu tout caractère dissuasif.

L'économie de marché appelle des mesures de contrôle des conditions dans lesquelles sont utilisées les ressources rares et tout particulièrement celles concernant les ressources humaines.

2.Car ce que nous dit le marché n'est pas autre chose que cette affirmation cynique « tu mangeras si tu es compétitif ! » c'est cela ce que veut dire la loi de l'offre et de la demande du marché. Une telle éthique devrait énoncer des principes de survie dans l'équité qui exige que le marché qui en a grandement les moyens, garantisse effectivement à tous la couverture des nécessités de base : nourriture, habillement, logement, soins et éducation et emploi dans les conditions les meilleures ; En un mot ce que l'on appelle les coûts de l'homme. Le néo libéralisme ne se préoccupe que des activités produisant un profit. Cependant, la crise économique, qui frappe l'économie mondiale nous apprend que de plus en plus nombre de pays s'interrogent : à quoi sert un système économique qui ne peut nourrir les hommes, les loger, les soigner, les éduquer et leur permettre l'emploi de leur capacité et de les développer par la culture .Bien au contraire c'est la flexibilité du travail la précarité et l'accumulation de richesses par une minorité résultat d'inégalités consubstantielles a la société de marché qui caractérise les marché du travail et des capitaux. La pauvreté en raison de la crise structurelle et malgré les objectifs du millénaire définis par l'ONU s'accentue. Aussi la répartition des revenus équitable et des richesses créées sur les plans nationaux et dans le monde est le seul et vrai problème de l'économie et qui lui donne sa véritable finalité, celle d'être au service de l'Homme, de tous les hommes et de tout l'Homme. Cela nous entraine bien loin des idées reçues et de la « pensée unique ».

Les pistes de recherche induites

3.A la lumière de cette problématique l'on peut en déduire les pistes de recherche qui supposent l'encadrement d'un nombre d'important d'activités ordinaires. Prenons l'exemple des moyens de transport. Il existe un monopole de fait. Pour ce qui est de l'automobile, le monopole n'est pas de se retrouver prisonnier, dans son achat, d'une marque précise. Il signifie que, si j'habite en ville et que je veux me déplacer, compte tenu de la manière dont la ville est organisée je n'ai d'autre choix que d'utiliser l'automobile. Il existe ainsi un monopole de fait de l'automobile qui est une atteinte à l'espace, c'est l'urbanisation anarchique qui crée des quartiers isolés ou n'existe aucun moyen de transport collectif qui pousse le choix de transport par automobile L'expérience récente nous montre comment les infrastructures ont « mangé » l'espace et ont consommé des surfaces énormes sans compter le danger représenté pour et par le piéton ! Mais la société exige des mesures beaucoup plus générales et systématiques qui doivent être prises dans le cadre d'un débat démocratique.

4.D'une autre manière les problèmes de partage de ressources précieuses, qui ne sont pas indéfiniment renouvelables, comme l'eau. La répartition de l'usage de l'eau peut aller jusqu'à épuisement de ce qui était disponible. Chacun y puise sans limites pour irriguer de plus en plus d'hectares de culture intensive, les droits à forer et à pomper l'eau n'ont pas été distribués de manière raisonnable et la ressource est menacée d'épuisement car elle n'a pu se renouveler, à temps. La situation de l'eau exige une gestion commune. Là encore, le marché ne peut donner de solutions et il convient d'en décider après un débat démocratique éclairé.

5.Il convient de réexaminer toutes ces argumentations à la lumière d'une réorganisation de la société. La question du droit de propriété sur la connaissance est aussi proche du droit de propriété sur la structure du vivant, dont la connaissance devient un outil pour la création de nouvelles ressources. C'est même une question essentielle dont il faut débattre largement pour construire une nouvelle société.

6.L'économie a changé. En quelques années, une nouvelle composante s'est imposée comme un moteur déterminant de la croissance des économies : l'immatériel. Il y a peu encore, le succès économique reposait essentiellement sur la richesse en matières premières, sur les industries manufacturières et sur le volume de capital matériel dont disposait chaque nation. Cela reste vrai, naturellement. Mais de moins en moins. Aujourd'hui, la véritable richesse n'est pas concrète, elle est abstraite. Elle n'est pas matérielle, elle est immatérielle. C'est désormais la capacité à innover, à créer des concepts et à produire des idées qui est devenue l'avantage compétitif essentiel. Au capital matériel a succédé, dans les critères essentiels de dynamisme économique, le capital immatériel ou, pour le dire autrement, le capital des talents, de la connaissance, du savoir. En fait, la vraie richesse d'un pays, ce sont ses hommes et ses femmes.

7. L'économie de l'immatériel sera la plus forte source de croissance des pays dans ce 21e siècle. C'est par là que se créeront richesses et emplois. L'économie a à présent deux faces : l'économie des objets et l'économie des idées, de l'information, de l'intelligence, de l'expertise, des talents, bref : l'économie de l'immatériel.

Elle "pèse" déjà beaucoup plus que l'économie classique. A elle seule, elle représente plus de 80% de la valeur produite, 73% des emplois, 60% des créations d'entreprises, 78% des transactions commerciales.

Mais voilà : les règles du jeu n'y sont plus les mêmes. On ne vend ni n'achète de l'intelligence ou des idées comme on le faisait des boîtes de conserve.
Pour satisfaire mille automobilistes, il faut fabriquer mille automobiles ... mais pour satisfaire mille auditeurs, il suffit d'une seule conférence ... qui, placé sur un site, pourra, sans frais, combler des millions d'internautes.
Parfois, même, la gratuité devient un des mécanismes de vente ... Paradoxe ?
à qui appartient une idée ou une information ?
Qu'en est il du marché des biens et services

5.Les biens publics. L'aménagement, en particulier par les États de la modernité, de moyens qui complètent ceux de la nature correspond à ce que, dans le jargon économique, est appelé les biens publics. Chacun, en principe, peut y avoir accès. Ainsi, la nuit, la plupart des villes prennent le relais du soleil et offrent un éclairage public. Celui qui se déplace fait alors un usage personnel de cette lumière qui n'exclut pas son usage par les autres personnes qui souhaitent en bénéficier.

Dans les sociétés européennes, la place de la fourniture de ces biens et services publics est importante. En 2010, elle représentait plus du quart (26 %) du PIB européen, la fourniture de ces services occupant à elle seule 30 % de la population active et concerne les infrastructures et réseaux de transport, de poste et de télécommunications, la distribution de l'eau, l'énergie ainsi que la santé, l'éducation, l'administration publique et la défense.

Plus des trois quarts de ces services restent non marchands, c'est-à-dire que leur accès est à titre gratuit, et ils représentent plus du cinquième du PIB (20,7 %). Toutefois, depuis le processus initié par Margaret Thatcher au Royaume-Uni en 1979, repris partout dans le monde, une part croissante des services publics sont soumis à une privatisation-libéralisation-déréglementation qui conduit à les faire prendre en charge par des entreprises à but lucratif. La construction d'une société alternative ne saurait se faire sans une réflexion concernant le maintien de l'organisation collective du milieu de vie commun.

6. - Les biens et services « standard ».

Ces biens et services sont des ressources créées, identifiables qui n'entrent pas dans les catégories examinées jusqu'ici mais occupent une place qui, bien que résiduelle, reste importante à considérer. Ce sont les biens et services à usage privé obtenus en échange d'un prix forgé par la loi de l'offre et de la demande ; et cet usage reste pertinent. Jusqu'ici, des lois de la concurrence et différentes normes ou législations étaient appliquées pour encadrer ces « marchés ». Il est certain qu'il faut retourner la tendance à la disparition de toutes les formes de régulation inventées depuis le XIXe siècle, non seulement pour éviter les distorsions dues aux monopoles (décrites plus hauts) mais également pour faciliter, au niveau des échanges, le passage de l'échelon local à l'échelon planétaire.

Ajoutons que l'encadrement doit s'assurer que la circulation des biens et services soit la plus courte possible. Le transport des biens et services du lieu de fabrication vers le lieu d'utilisation est un commerce national ou international créateur de ressources pour la société et qui contribue au bien vivre ensemble. En revanche, une circulation allongée arbitrairement et motivée par la spéculation et l'appât du gain doit évidemment être évitée et pose dans nos sociétés le développement d'un secteur informel.

Dire « non à la société de marché », c'est rejoindre en pensée, l'espérance de la quasi-totalité des populations de la planète. Encore faut-il mettre ce précepte en application. Au lieu de cela, avec un bel ensemble, les politiques se sont précipités vers le deuxième élément de cette proclamation : « oui à l'économie de marché », en élargissant la place réservée au marché et en libérant ce dernier au maximum.

Le projet d'une société équitable est de donner priorité à la société et d'en finir avec le désordre historique provoqué par la priorité donnée à l'économie. La société a besoin des hommes et de la nature qui sont sa vie et ses sources de richesse. Il faut organiser en son sein la création et le partage de ressources et il faut certainement circonscrire la place du marché et le réguler. C'est peut-être une condition de survie de l'humanité. Mais pour cela, il faut un changement radical d'optique et de pratique qui exigent tout d'abord que les discussions commencées ici s'élargissent de la manière la plus ample :

Les marchandises sont programmées pour s'user rapidement, elles succombent à une « obsolescence planifiée » : les chaussures durent six mois à peine, c'est la société du kleenex, il devient impossible de réparer seul les objets électroménagers, les produits sont jetables, à utilisation unique, etc. Bref, autant de tactiques afin d'assurer une consommation sans cesse renouvelée plutôt qu'une production de biens durables, ce qui aggrave d'autant la crise écologique. à cette crise sans précédent, l'on peut craindre la mise en place d'une dictature écologiste, voire ce que certains nomme un « éco-techno-fascisme » : la prise de pouvoir de technocrates « éclairés » prétendant œuvrer pour sauver la Terre. Il est absolument nécessaire de reconnaître au contraire la possibilité d'une sortie civilisée de la crise par une solution démocratique, coopérative et antiproductiviste.

La lutte est donc nécessairement pour la démocratie. « Il faut d'emblée poser la question franchement : que voulons-nous ? Un capitalisme qui s'accommode des contraintes écologiques ou une révolution économique, sociale et culturelle qui abolit les contraintes du capitalisme, et par là même, instaure un nouveau rapport des hommes à la collectivité, à leur environnement et à la nature ? 7

Le capitalisme produit non seulement une crise écologique et sociale, mais est d'abord un système de domination et d'aliénation combattu à ce titre.
Sortie civilisée du capitalisme

La tendance du capitalisme est de tout soumettre à sa logique, de tout transformer en marchandise. il est donc impératif de subordonner la logique capitaliste à une rationalité sociale. Cette rationalité passe par le réajustement de la production et de la consommation qui suppose elle-même une limitation des besoins et donc une lutte contre l'obsolescence planifiée, la publicité, etc.

La lutte centrale se joue néanmoins autour du temps de travail. et aussi de rompre avec la logique productiviste.

Dans une économie de marché, les gains en productivité sont systématiquement affectés à l'accroissement de la production. Il est possible de les affecter à la réduction du temps de travail. Ainsi, on produit mieux en moins de temps plutôt que de produire plus dans un temps inchangé.

Bref, « non seulement on peut vivre mieux en travaillant moins et en consommant moins et autrement, mais cette limitation volontaire et collective de la sphère de la nécessité permet dès à présent, et permet seule, une extension de la sphère de l'autonomie, c'est-à-dire de la liberté

Espoir ou illusion

Rechercher la croissance la mieux adaptée à l'homme et non l'inverse. Mais cela implique une autre économie, un autre style de vie, une autre civilisation, d'autres rapports sociaux. En leur absence, l'effondrement ne pourrait être évité qu'à force de restrictions, rationnements, allocations autoritaires de ressources caractéristiques d'une économie de guerre. La sortie du capitalisme aura donc lieu d'une façon ou d'une autre, civilisée ou barbare. La question porte seulement sur la forme que cette sortie prendra et sur la cadence à laquelle elle va s'opérer. »

Pour ce faire il nous faut repérer dans la société actuelle les tendances qui peuvent mener à cette société nouvelle. Autrement dit, le capitalisme, comme totalité contradictoire, produit sa propre négation sous la forme de la gratuité. Etre attentif au développement de l'informatique, des réseaux de communication et surtout des communautés de logiciels libres. Leur caractéristique est que leur coût de reproduction est nul.

S'ouvre alors la possibilité du partage de la richesse par la gratuité. Mais, le grand espoir de la production hors-marché, de la production et de la consommation durable, l'organisation de l'économie centrée autour des besoins et non du profit, c'est par ce biais que l'on construira une société nouvelle qui ne semble pas se profiler aujourd'hui.

Il ne s'agit pas bien sûr de replonger dans le passé pour s'y abîmer (au sens où s'abîment les navires). Il faut y replonger pour y retrouver le fil invisible d'une Histoire interrompue. Il faut le faire sans complaisance en cherchant notamment les éléments de cette Histoire qui ont préparé un asservissement qui a duré 132 ans. Il ne faut pas non plus décréter la colonisation comme une parenthèse qui, une fois close, doit retomber dans l'oubli. Il faut en rappeler sans cesse le souvenir pour les générations à venir en espérant qu'ils sauront, à l'avenir, ne plus se mettre en situation d'être colonisés.

Il y a autre chose. Le corollaire naturel de la mauvaise image de soi est la tendance à appeler de ses vœux un retour de la coloniale. Ce retour n'étant pas d'actualité, beaucoup plaident pour que le peuple se défasse du souci de rechercher sa mémoire et abdique toute personnalité en se dissolvant au sein de l'empire dominant, c'est-à-dire le monde occidental.

Cette idée est absurde et irrecevable. N'est-ce pas en son nom que de jeunes gens, nourris au biberon de la haine de soi et de la conviction que rien ne changera jamais, chevauchent des rafiots misérables dans une quête désespérée du fumeux paradis que leur vantent chaque jour des aînés amers et oublieux ? Elle est de plus stupide. La conjoncture actuelle est marquée par le développement de forces nouvelles qui constituent une alternative à court terme à la puissance occidentale. Cette dernière ne saurait donc constituer un avenir. Il vaut mieux se tourner vers les puissances de demain, non dans l'espoir d'y poser le pied (il est question d'Océans et non plus de mers !) mais de les imiter dans leur démarche d'émancipation par rapport à leurs tuteurs de naguère. C'est cette libération des esprits qui a permis aux sociétés de ces nouvelles puissances de se donner des horizons nouveaux, de donner du sens à leur histoire, de se vivre, non plus comme des peuplades mais comme des communautés de destin. Les Indiens ont connu une période où il était de bon ton d'arborer des costumes anglais, de parler anglais, de boire et de manger anglais. Puis ils sont partis à la découverte de leurs racines et ils ont vu qu'ils pouvaient en tirer, non seulement des motifs de fierté mais aussi les bases d'un élan vers un avenir de progrès. La Chine a suivi un chemin similaire. Voilà un pays qui a été investi par un grand nombre de puissances. Voilà un pays qui a inventé tout ce qui est à la base de la science moderne. Il a cependant manqué la transition vers l'état de grande puissance parce que ses dirigeants d'alors, trouvant que la navigation sur les mers coûtait trop cher, décidèrent de se replier sur eux-mêmes et de couper court avec le reste du monde. La Chine sait cela et est bien décidée à ne jamais répéter cette erreur funeste. Le Brésil n'a pas la même profondeur historique que la Chine et l'Inde. Il met plutôt en avant sa jeunesse, sa diversité, sa liberté.

Le pouvoir d'Etat s'est rapidement affirmé non seulement dans le champ économique mais aussi dans le champ social et politique. C'est ainsi que le Parti Etat a socialisé les besoins de la société et a estompé momentanément les expressions politiques différenciées.

L'Etat était censé agir au nom de Tous et pour l'avantage de Tous. Il disposait des moyens de production et du pouvoir de les organiser en fonction des finalités qu'il se fixait. La société qui en résulta s'est caractérisée par la concentration des pouvoirs économiques et politiques entre les mains des représentants de l'Etat que sont ses agents. Mais, en revanche, la contradiction du Tout que représente l'Etat et des parties, de l'intérêt général et de l'intérêt individuel, du Public et du Privé, néc du développement du niveau matériel et culturel, n'a cessé de se développer , de s'approfondir.

Une vision globale

La restauration de l'Etat Nation en Algérie s'est effectuée dans un contexte de conflits et d'erreurs d'interprétation sur le sens et les fonctions de l'Etat. Les conflits ont revêtu un caractère violent à deux périodes historiques ; celle de la contestation de l'Etat colonial et celle de la contestation de l'Etat né de la lutte de libération et ayant pris en charge le développement national.

Les erreurs d'interprétations quant à elles, sont à l'origine du blocage politique du dialogue par le fait que la classe politique a perçu la libéralisation, principalement, comme une opportunité de substitution à l'ancien parti d'un nouveau parti unique.

En conséquence, les réformes fragmentaires engagées au cours des deux dernières décennies (1980-2000) ont été décidées dans un contexte apparent de remise en cause d'un Pouvoir et plus largement de recherche d'un nouveau consensus politico-social. L'événement l'emporte alors sur l'histoire faute de prendre en compte deux facteurs essentiels qui déterminent la nature et les fonctions de l'Etat : l'espace dans lequel vivent les citoyens et le temps qui appelle des capacités d'anticipation.

C'est en cela que l'expression «d'effondrement programmé » de l'Etat prend son sens historique et spatial et situe les principaux effets de la crise nationale et de l'Etat pendant cette période.

Trois grands moments ont influencé la société algérienne actuelle. Chacun de ces moments a fait l'objet de textes politiques et constitutionnels.

Il s'agit du moment de la lutte de libération dont les effets directs se sont étendus de 1954 à 1965.

Il y a ensuite celui de «l'œuvre de consolidation de l'Etat...restée inachevée » de 1965 à 1980 selon l'expression de Mr Bouteflika Président de la République.

Ce fut enfin le moment de la transition problématique vers une nouvelle société civile de 1980 à 1999
Les deux premiers moments ont été caractérisés par «la restauration de l'Etat algérien souverain, démocratique et social dans le cadre des principes islamiques » telle que définie par la déclaration du 1er novembre 1954.
Cette restauration fit l'objet du premier acte international de reconnaissance de la souveraineté consigné dans les conclusions des pourparlers d'Evian en 1962. Plus particulièrement la seconde phase (1965/1980) a eu pour finalité principale de développer des infrastructures économiques et sociales pour faire face aux besoins de la population et en même temps résister au système économique international.

Le développement social recherché devait configurer les structures économiques en cohérence et en harmonie avec les besoins sociaux fondamentaux de la population.

Ces préoccupations ont été formulées à la lumière de considérations historiques et de nécessités socio-économiques à travers les différentes plateformes qui ont régi et servi d'assise à la société, depuis la Déclaration du 1er novembre 1954, jusqu'aux différentes chartes : entre autres la Charte de la Soummam (1956), la Charte de Tripoli (1962), la Charte d'Alger (1964) , la Charte Nationale (1976) et y compris la loi fondamentale de la Nation : la Constitution, dans ses versions successives.
L'évolution enregistrée a été d'autant plus rapide que les conditions socio-

économiques de base de la population, au moment de l'indépendance, étaient caractérisées par une pauvreté extrême et un chômage endémique pour une population réduite, dans sa grande majorité, à des conditions de vie infra humaines.

Les systèmes de dépendance et de relation de pays colonisateur à colonie, ont conduit à plusieurs types de phénomènes :

- une configuration de l'espace national qui obéissait à des règles de valorisation et d'exploitation, par et au profit de la puissance coloniale, des ressources locales,

- une ponction systématique de tout ce qui avait une valeur marchande avec un développement à grande échelle des cultures spéculatives,

- un refoulement de la population sur les piémonts et les zones de montagnes, pour libérer l'espace nécessaire à l'expansion de l'agriculture, en ayant préalablement introduit le concept de propriété privée.

L'exclusion de la population nationale et l'inégal accès aux moyens existants, fondaient des inégalités aussi fortes au point de les rendre structurelles.

Ces différentes évolutions ont suscité un retard en ce qui concerne la couverture des besoins humains de première nécessité. Au moment de l'indépendance, l'écart entre les normes minimales de besoins et les conditions matérielles réelles de vie de la population était considérable, et de surcroît entraîné dans une dynamique d'aggravation.

La phase 1965-1980 n'a pas connu de réel débat de société ni de problème de légitimité mais fut consacrée à une intense activité beaucoup plus économique et diplomatique qu'institutionnelle. Tout s'est passé comme s'il fallait devancer le processus de remise en cause des Etats nation qui se préparait dans le monde.
Dans la mouvance des principes fondateurs du mouvement de libération, la stratégie de développement économique et social reposait principalement sur le développement auto centré et sur la substitution aux importations. Elle visait à rompre «les tendances spontanées de la division internationale du travail et des avantages comparatifs immédiats». L'Etat a joué, alors, un rôle unique de monopole de la mobilisation des capitaux, de financement des investissements et a assuré les missions d'éducation, de santé, d'emploi et de protection sociale.

Pratiquée d'amont vers l'aval la stratégie de développement a du faire face à des défis nombreux d'ordre technologique, de qualification de la main d'œuvre, de formation des cadres, de faiblesse de l'épargne locale et enfin de variation des recettes d'exportation. Les modifications de la structure des importations se sont accompagnées d'une dépendance qualitative accrue. Il demeure que le développement autocentré recherchait la dynamique interne et intégrée de la mise en valeur des ressources de la Nation au plan économique et social.

Cette stratégie a permis l'émergence d'un tissu industriel diversifié orienté vers les besoins essentiels de la population et des changements dans ses propres structures économiques et sociales. Les limites de cette stratégie résidaient dans des obstacles internes (la sous utilisation des capacités de production ; une intégration verticale insuffisante, une technologie coûteuse et une dépendance des importations par insuffisance de sous traitance locale, le service de la dette alourdi par l'érosion des prix des hydrocarbures). Les obstacles externes furent mis en évidence dans la revendication d'un nouvel ordre économique international. Les pesanteurs du Parti Etat étaient compensées par un consensus social pour une prise en charge centralisée des besoins sociaux (création massive d'emploi, généralisation de l'enseignement, médecine gratuite …)

Mais «L'œuvre de consolidation de l'Etat…à travers notamment de grandes réformes de structures visant à bâtir un Etat régi par des lois, basé sur une morale et appelé à survivre aux gouvernements et aux hommes » est restée inachevée . Simultanément, le consensus social a progressivement reculé avec l'échec du modèle économique adopté, son incapacité à répondre à la demande sociale et l'émergence de couches sociales favorables à une plus forte insertion dans l'économie mondiale.

A la lumière de ces analyses, l'on comprend que les échecs des stratégies de l'Etat se soient transformés en échec de l'Etat en général déformant ainsi le débat sur la nature et les formes de l'Etat.
La crise de l'Etat réside moins dans l'érosion de ses pouvoirs que dans son incapacité à résister et à anticiper les évolutions futures ayant un impact sur la cohésion sociale et nationale et sur la place de la nation dans "un système monde".
Devant ces processus de grande envergure, des tentatives de sortie de crise ont été faites depuis 1989.
Les changements attendus par la société sont exprimés par des révisions constitutionnelles consacrant le multipartisme ; les libertés politiques et publiques dont celles du commerce et de l'industrie. La conduite des réformes dont les séquences furent inversées en initiant d'abord l'ouverture des marchés et le désengagement de l'Etat dans la sphère sociale, a aggravé la fracture sociale au cours de cette dernière décennie.

L'Etat, qui ne s'est pas réformé dans ses missions centrales et territoriales, s'est trouvé en situation de mauvaise gouvernance.
La crise de l'Etat ne se réduit pas au seul problème de ressources, mais fait apparaître l'inadéquation entre des ressources relativement importantes et le peu d'efficacité et d'efficience des institutions.

En second lieu la crise de l'Etat est liée à l'échec des stratégies à dominante économique et financière qui, dans un cas ont privilégié les finalités sociales et dans l'autre, ont donné la préséance au rétablissement des grands équilibres au détriment du développement humain en appauvrissant la population.

En troisième lieu, l'emprise d'un libéralisme triomphant ainsi que les difficultés de trésorerie tendent à ramener l'Etat à ses seules fonctions régaliennes et à laisser au marché la régulation de l'économie et de la sphère sociale.

En quatrième lieu, l'Etat s'est désinvesti de son rôle de composante essentielle du milieu de propagation. En particulier, il a perdu de vue ses responsabilité dans l'amélioration de l'efficacité du système économique et de la relance de la croissance.

L'ensemble de ces facteurs ont débouché sur la crise de l'intérêt général,identique quasiment à celle touchant la plupart des pays dans le monde. Ce qui importe c'est la réponse apportée.

En effet, ces facteurs ont entraîné de nouveaux rapports au sein de la société entre l'Etat et les citoyens, l'Etat et la gestion de l'économie, l'Etat et la politique sociale. L'image de l'Etat a profondément été altérée. L'usager disparaît au profit du service, que ce soit dans la conception des politiques, dans leur mise en œuvre par les organismes qui gèrent les services, ou dans l'esprit de ceux qui bénéficient des prestations dispensées.

Les personnels, confrontés eux même à la paupérisation , perdent de vue le lien entre leur activité et le sens de la mission de service public, ses valeurs et ses obligations.

Les effets de la crise de l'Etat peuvent se regrouper autour de cinq axes principaux :
- Le décalage entre la société civile et ses formes de représentation politique (démocratie représentative et démocratie participative) ;
- L'appauvrissement culturel et la crise du système éducatif, l'anémie de la production intellectuelle et artistique et le retard numérique ;
- Le retard économique et social, faute de transformation des structures économiques et d'une promotion de la cohésion sociale ;
- L'inefficacité du droit et de la justice ;
- L'inefficience de l'administration.

Sauvé in extremis d'un «effondrement programmé », l'Etat républicain a résisté et a payé un lourd tribut en vies humaines et a traversé des épreuves visant l'unité nationale, la cohésion sociale, le caractère républicain de l'Etat, la dynamique de croissance et de développement humain et enfin son crédit.

La crise nationale et le sauvetage de l'Etat ont mis en évidence des institutions républicaines dont le rôle fut déterminant dans le fonctionnement de services essentiels. De même cette crise a favorisé l'émergence de plus en plus active d'une société civile.

L'enjeu est d'assurer le passage d'une société post indépendance à une société socialement plus différenciée où les choix sociaux deviennent plus complexes.
La réforme de l'Etat est un élément de la politique de renouveau national.
Dans cette optique la contribution aux enseignements essentiels de cette approche sont :

1.   L'Etat Algérien existe et assure ses missions de souveraineté et de développement humain. Cependant toutes les agressions internes et externes visent principalement à créer une crise de confiance du citoyen. Celle-ci se manifeste dans la manière dont l'exécution des missions de l'Etat est ressentie. En un mot, le citoyen attend un autre Etat, et que ses représentants, qui en sont l'incarnation soient mis en mesure d'agir autrement.

2.   La question des rapports du citoyen à l'Etat n'est pas épuisée par le débat sur les structures, les missions ni celui de leur étendue. La critique citoyenne porte non sur l'Etat en tant qu'entité mais sur la qualité des interventions de ses services, leur accessibilité égale pour tous, leur simplification et le sentiment d'injustice et d'opacité et d'accaparement.

3.   Les citoyens attendent des mesures concrètes et pratiques qui rendent le service public plus proche, qui éliminent tout soupçon de corruption ou de passe droit : en un mot que l'Etat réhabilite le service public quelque soit son mode d'exercice(public ou privé). Ce sentiment est encore plus fort devant la privatisation de services publics comme ceux de notaires, huissiers, etc

4.   Les fonctions essentielles d'un Etat-nation ont été et sont confrontés à des tensions et des épreuves. Mais, les capacités de résistance de l'Etat à ces tensions se sont faites au détriment d'une plus grande écoute des différents agents(fonctionnaires ou élus) qui le servent , aux attentes des citoyens en matière de qualité du service public et de justice dans le traitement de leurs requêtes. L'administration est chargée d'exécuter et non d'imposer sa propre logique. Le citoyen s'attache aux fins le fonctionnaire ne voit que les moyens.

Ce diagnostic exige :

-   Une rupture avec les habitudes érigées par l'usage en lois. C'est la condition nécessaire à l'adéquation des réponses de l'Etat aux défis nouveaux ainsi que celle des moyens existants avec leur affectation. Car le système administratif actuel est en retard sur les conditions actuels qu'il est censé satisfaire comme il n'est pas mis en mesure de les anticiper.

-   De repenser les missions et les structures de l'Etat et du travail dans un contexte politique économique et social où les besoins de la société sont plus complexe à saisir et à satisfaire autrement que par un désengagement, ou par un moins d'état.

-   Une nouvelle relation entre l'Administration et le citoyen non exclusivement au niveau de la réaffirmation des droits mais surtout à celui plus concret d'un service public effectif accessible à tous et dans les mêmes conditions quelque soit le niveau social .

-   La modernisation, et la moralisation des services publics sont les conditions nécessaires au rétablissement de la confiance du citoyen non avec son Etat mais dans ses relations quotidienne ou ponctuelle avec les services publics.

-   De restaurer le sens du service public dans son sens premier. Cela concerne les hommes et les femmes qui le servent. Cette restauration commence par l'humanisation des édifices publics et des lieux de travail et d'accueil des citoyens. Elle est aussi dans le traitement des requêtes des citoyens tant au niveau individuel que collectif.

-   Une administration plus proche et plus efficace impliquent que les agents de l'Etat à quelque niveau de responsabilité qu'ils soient apprennent à écouter s'ils veulent apprendre à servir l'Etat.

-   Une attention aux formes nouvelles d'atteinte aux droits de l'homme que peut faire naître le pouvoir que confère l'argent . L'atteinte insidieuse au droits des hommes c'est le mépris au quotidien qui s'exprime dans le comportement de la société à l'égard des femmes, et de l'exploitation des enfants. C'est aussi dans les rapports entre les citoyens et tout groupe détenteur d'une « autorité » sociale ou culturelle. Les maux essentiels sont la corruption au fil des jours et sa banalisation quel que soit le niveau de décision, depuis la délivrance d'un papier jusqu'à la passation de contrats.

-   Un service public assaini et modernisé implique une nouvelle politique des agents de l'Etat et la transformation radicale des rapports entre les hiérarchies et leur personnel

L'idéologie, dont on perçoit les contours, est donc un dialogue, ou mieux un échange, sans cesse renouvelé entre le monde, les hommes et leurs rêves. Sans le rêve elle ne peut inspirer l'action. Sans le rêve elle prive les hommes d'un idéal. Elle est tout au plus contemplation. L'existence, alors, se dévoile et c'est dans ce processus que l'homme trouve les raisons de vivre avec les autres et de s'approprier l'espace. « Il faut rêver pour agir » disait Lénine.

Il arrive, parfois, que par amnésie l'homme ne reconnaisse plus son espace ; qu'il lui paraisse étranger ou qu'il lui semble le voir, tout juste, émerger. D'autres fois, la mémoire se réveille d'un long sommeil et, encore engourdis, les hommes revendiquent un espace dans lequel ils ne vivaient plus depuis longtemps ; comme si le temps avait « suspendu son vol » ! Car, pour devenir sociale la mémoire a besoin de se localiser.

Il en est ainsi des peuples de l'Europe postcommuniste qui, après une parenthèse de cinquante années retrouvent, à l'égard de leur territoire, des réflexes que l'on croyait perdus Serbes, Hongrois, Moldaves, Lithuaniens et Alii, dans un véritable « back to the future », par leurs revendications, veulent remonter le temps pour vivre le XXIème siècle comme leurs ancêtres, en 1918, auraient voulu le leur faire vivre 1 Tout se passe alors, comme si les traités de Versailles et de Trianon venaient d'être signés. Ainsi en est il, aussi, de l'espace asiatique de l'Islam qui retrouve, avec l'effacement relatif du centre de gravité de Moscou, les pesanteurs géographiques et humaines de l'Iran et du Pakistan, en attendant qu'Istanbul choisisse entre l'Europe et l'Asie (être le premier parmi les petits ou le dernier parmi les grands) et se souvienne d'eux. Les chemins qui vont vers ou partent de Samarkand, renaissent spontanément et se tournent vers le Proche-Orient.

De même qu'il se crée, par ailleurs, de nouveaux espaces dont les frontières ne sont pas territoriales mais humaines. Ce sont les espaces des exclus, des marginaux et aussi des activités illégales, ou, en un mot, qui leur convient ; des espaces de l'informel.(espaces de nomades, de romes, espaces de non droits, drogues, prostitution)

Avec le temps, tout ce qui n'a pas su dilater les flux existants, préférant les détourner, s'en va. Et tout peut, brutalement, refluer. L'espace vital d'un peuple peut, ainsi, s'estomper, ou devenir plus vivace. Les hommes en gardent le souvenir, d'abord par des liens biologiques et affectifs qui refluent, sans cesse, dans leur mémoire. Le monde actuel nous offre des exemples qui montrent, à l'évidence, et malgré le laminage de la mondialisation, que les peuples peuvent ne pas oublier leur histoire médiate.

L'attachement des Grecs au seul nom de la Macédoine, sans revendication territoriale, se comprend ainsi. Le contenu affectif du mot l'emporte sur le celui du sol ; et pour eux l'on ne peut être Macédonien qu'en vivant sur le territoire grec.

Les relations diverses de l'homme à son milieu naturel ont été « opacifiées » par l'urbanisation ; mais elles innervent, en permanence, et le plus souvent de façon inconsciente, les échanges et les comportements des nations. Le monde n'existe que par la conscience que l'on en a. Cette conscience est elle-même le fruit d un héritage et de la vie quotidienne. Car, « on a du marteau, dit Heïdeg.ger, La connaissance la plus intime quand on s'en sert pour marteler. Et du clou, quand on l'enfonce dans le mur, et du mur quand on y enfonce le clou. » J.P. Sartre poursuit : « le faire est révélateur de l'être ».[1]

En guise de conclusion provisoire

A coté du plus grand nombre exclusivement voué à la corvée du travail, il se forme une classe libérée du travail productif qui se charge des affaires communes de la société. La contradiction entre la richesse qui ne travaille pas et la pauvreté qui travaille pour vivre, fait naitre une contradiction entre le savoir et le travail. Une société dont la condition est de produire à un pôle la richesse et de l'autre la misère est condamnée à générer d'un coté la civilisation et de l'autre l'inculture Voila en quelques mots les défis à relever pour une démocratie qui n'épouserait pas les diktats du capital. La démocratie dans ces conditions obéit aux lois du développement inégale tant sur les plans national qu'international. Ces lois sont celles du système représentatif et des élections périodiques et enfin de l'alternance au pouvoir ; dispositif toléré dans la mesure où l'ensemble du processus confirme son adhésion à l'organisation capitaliste de l'économie dont le stade suprême serait celui des Etats unis.

Dans cette optique, la mondialisation vise l'affirmation de la domination des intérêts américains. Tout est organisé dans ce sens depuis 1980. Les relais économiques, financiers, commerciaux et les things tanks sont mobilisés sur un « consensus dit de Washington » afin d'arriver à une libéralisation des échanges dont le seul mobile est la consécration des positions acquises au cours de l'histoire ; la domination sur les peuples de la planète Les négociations en vue de créer une zone de libre échange Europe USA en est l'illustration. La démocratie devient alors un outil qu'il est important de confier à des mains vigilantes et acquises au développement des forces productives par le capitalisme.

Le critère essentiel d'évaluation du degré de démocratisation d'un pays résidera alors dans sa capacité à suivre les injonctions des agences de notation sur sa dette publique donc sur le rôle et la place des services publiques, c'est-à-dire une vision purement comptable de l'action de l'Etat dans l'éducation, la santé, la formation, les universités … « s'il est vrai que l'État est par définition et intention protecteur, protectionniste et dirigiste au nom du salut national. C'est aussi dire qu'il revient à une manipulation des mentalités, il est, "politique culturelle", une variante de la propagande idéologique. » C'est le résultat attendu de la démocratisation de la vie politique. Ce que l'on désigne par superstructure c'est-à-dire l'ensemble des lois juridiques, les arts la musique, le théâtre, les médias ou encore ce que l'on appelle la culture peuvent être en retard ou désadaptés par rapport aux forces productives, de cette contradiction naît son dépassement. De cette vision l'on peut déduire la situation d'un pays donné dans cette phase capitaliste bourgeoise.

Il s'agit de trouver un équilibre entre les exigences externes et les aspirations des peuples. Nous sommes entrés dans la phase de compromis historique dans laquelle pour une large majorité de pays il s'agit pour eux de se préparer à la gestion du nombre. Est-ce à dire que selon la formule « business as usual » l'on s'accommoderait de régimes dictatoriaux issus « d'élections » et dont la revendication politique porte essentiellement sur les superstructures. Les idées et la science sont toujours dictées par les déterminations de classe. Elles sont ou bien réprimées ou bien récupérées au service de la classe dominante qui les façonne à son usage pour les monopoliser.

C'est dans ce cadre que l'on peut analyser l'évolution des pays arabes, empêtrés dans des problèmes d'identités qu'ils abordent sous l'angle des idées En ignorant ces conditions ce n'est pas la démocratie qui résultera de ces mouvements mais la gestion du nombre pour le compte d'un capitalisme étranger et soucieux de ses intérêts pétroliers et gaziers ; n'est-ce pas la tentation despotique qui est potentiellement portée par la mondialisation libérale ?